선묵혜자 스님과 함께

부처님 성지에서 배우는 불교

선묵혜자 스님과 함께
부처님 성지에서 배우는 불교 上

1판 1쇄 인쇄 | 2024년 08월 26일
1판 1쇄 발행 | 2024년 09월 01일

지은이 | 선묵혜자
펴낸이 | 김경배
펴낸곳 | 시간여행
디자인 | 디자인[연:우]
등 록 | 제313-210-125호 (2010년 4월 28일)
주 소 | 경기도 고양시 덕양구 지도로 84, 5층 506호(토당동, 영빌딩)
전 화 | 070-4350-2269
이메일 | jisubala@hanmail.net

종 이 | 화인페이퍼
인 쇄 | 한영문화사

ISBN 979-11-90301-01-5 (03220)

선묵혜자 스님과 함께

부처님 성지에서
배우는 불교

上

글·사진 선묵혜자

시간
여행

세상에서 가장 높은 스승이시며 모든 인류를 향해,
그리고 세상의 모든 생명에게 부처가 될 수 있음을
보여 주셨던 것입니다.

하지만 조금이라도 더 가까이 부처님 곁에
다가서고 싶은 소망은 불자라면 누구에게나 있고
부처님의 땅으로 이끕니다.

고요하게 마음을 가라앉힌 채 정신을 집중하고
선정(禪定)에 든 지 7일째 되던 날 새벽, 싯다르타는 마침내
대각(大覺)을 이루었습니다. 이때부터 스스로를 '깨달은 자',
'붓다(Buddha)'라 불렀습니다.

보드가야는 부처님께서 깨달으신 위대한 사건으로 인해
가야라는 도시에서는 11km 떨어진 곳이지만 깨달음의 땅,
보드가야라고 이름 지었습니다.

선묵혜자 스님과 함께
부처님 성지에서 배우는 불교

　그때 아난다는 오른 어깨를 드러내고 오른 무릎을 땅에 붙이고서 부처님께 여쭈었다.

　"세존이시여, 지금까지는 여러 곳에 있는 수행자들이 여기에 와서 세존을 뵙고 가르침을 받아왔습니다. 세존이 열반에 드신 후에 그들은 가르침을 받고자 하나 받을 곳이 없고 우러러 뵐 곳이 없을 것입니다. 어찌하면 좋겠습니까?"

　부처님은 아난다에게 말씀하셨다.

　"아난다여, 너무 걱정하지 마라. 이 법을 따르는 모든 수행자에게 항상 생각해야 할 네 곳이 있느니라. 그 네 곳이란 부처님이 나신 곳과 처음으로 도를 이룬 곳이며, 법 바퀴를 굴리신 곳과 반열반에 드시는 곳이니, 이곳을 생각하고 기뻐하여 보고자 하며 기억해 잊지 않고 아쉬워하고 사모하는 생각을 내는 것이다."

　"아난다여, 내가 반열반에 든 뒤에 이 법을 따르는 모든 수행 대중들은 부처님이 나신 때의 공덕과 도를 증득했을 때의 신력은 어떠하며, 부처님이 법 바퀴를 굴린 때에 사람들을 교화하신 모습과 열반에 이르러서 남긴 법은 어떠한가라는 것을 생각하며 각각 그곳으로 돌아다니면서 모든 탑사를 예경하면 그들은 부처를 보고 가르침을 듣는 것과 다름이 없을 것이다."

부처님께서 『대반열반경』에서 부처님의 성지를 참배하고 기도하면 얻는 많은 공덕이 있음을 설하셨습니다.

인도 북부 대부분을 통일한 마우리아 왕조의 아소카왕은 통일 과정에서 자신이 벌인 전쟁의 참혹함을 참회하고 불교에 귀의합니다. 그리고 부처님의 자취를 찾아 성지를 순례하게 됩니다. 그래서 마음의 평안을 얻고 가피를 받아 전법과 불법의 수호자가 되는 것입니다. 그러므로 그를 부처님 성지 최초의 순례자라 부르는 것입니다.

아소카왕은 부처님이 입멸하고 수백 년이 지났을 뿐인데 부처님 발자취가 희미해져 가는 것에 놀라게 됩니다. 아소카왕은 부처님 성지를 찾아 하나하나 사실을 확인해 석주를 세워 그 사실을 기록하고 유적지를 정비하였습니다. 그리고 근본 8개 스투파를 열어 인도 전역에 8만 4천기의 스투파(석주)를 세웠습니다.

본인은 아소카왕의 전법과 호법 의지를 보고 『선묵혜자 스님과 함께 부처님 성지에서 배우는 불교』라는 책을 발간하여 부처님 성지를 이해하면서 불교를 알아가면 불자들이 좋겠다는 생각을 했습니다.

오래전부터 부처님 8대 성지는 불자들의 중요 순례지가 되었으며, 성지를 순례하는 것은 큰 공덕이 된다고 여겨왔습니다. 8대 성지 가운데 부처님의 탄생지 룸비니, 정각지 보드가야, 초전법륜지 사르나트, 열반지 쿠시나가르의 네 곳을 특히 4대 성지라고 일컫습니다. 그리고 나머지 네 곳은 슈라바스티, 상카시야, 라즈기르, 바이샬리입니다. 이 네 곳은 부처님께서 정각을 얻은 후에 중요한 전법을 행한 곳입니다.

슈라바스티는 부처님이 가장 오래 머무르셨던 기원정사가 있고 『금강경』을 설한 곳이며, 상카시아는 부처님이 도리천을 방문하고 어머니 마야왕비에게 불법을 설한 후 다시 하강한 곳입니다. 마가다국의 수도였던 라지기르는 불교 최초의 사원 죽림정사가 있고 영축산이 있는 곳이며, 바이샬리는 제2차 결집과 최초로 비구니의 출가를 허락하고 대승불교가 태동한 곳입니다.

『선묵혜자 스님과 함께 부처님 성지에서 배우는 불교』는 부처님이 전법(轉法)의 여정을 통하여 탄생지 룸비니에서는 천상천하유아독존 뜻, 과거 7불, 전생 이야기, 성도지 보드가야에서는 수자타유미죽, 전정각산, 마왕의 항복, 설법지 사르나트에서는 4성제, 8정도, 5비구, 라지기르 영축산에서는 『법화경』, 『아미타경』 등의 대승경전을 설했음을 알려주고 있습니다. 그리고 불교 최초의 사찰 죽림정사터와 5백 비구들이 모여 경(經)과 율(律)을 집성했던 칠엽굴, 세계 최고, 최대의 불교대학 나란다 대학 등을 설명하고 있습니다.

또한 바이샬리에서는 기녀 암라팔리의 이야기와 재가 불자의 선구라 할 수 있는 유마거사. 제2차 결집. 릿차비족이 부처님의 사리를 모신 스투파, 부처님의 발우를 찾아내어 꿀을 가득 담아 공양 올린 원후봉밀(猿猴蜂蜜), 현존하는 아쇼카왕 석주 가운데 보존 상태가 가장 양호한 머리 부분의 사자 장식이 돋보이는 대림정사도 살펴보았습니다.

또한 슈라바스티에서는 기원정사터와 이곳에서 설한『금강경』, 앙굴라마라 스투파와 수닷타 장자 집터, 난타의 연등 공양 등을 살펴 보았고, 부처님이 슈라바스티의 망고나무 숲에서 홀연 몸을 감추어 도리천의 어머니께 법문하고 하강하신 삼도보계의 상카시아와 열반지 쿠시나가르에서 말씀하신 자등명 법등명,『대열반경』등 많은 불교 교리, 경전, 역사, 문화, 사상 등을 배우고 느낄 수 있도록 하였습니다.

『선묵혜자 스님과 함께 부처님 성지에서 배우는 불교』는 부처님의 성지에서 배우는 문화와 역사, 설화, 경전뿐만 아니라 성지에서 설해지는 교리, 사상, 관련 인물 등을 설명하여 쉽고, 체계 있게 불교를 배우는데 많은 도움이 될 것입니다.

우리가 아무리 부처님 성지를 순례해도 2,600년 전 부처님은 결코 만날 수 없습니다. 하지만 조금이라도 더 가까이 부처님 곁에 다가서고 싶은 소망은 불자라면 누구에게나 있고 부처님의 땅으로 이끕니다.

부처님 성지는 불편하건만 인도에 다녀왔다고 하면 부러워하는 불자들이 많습니다. 왜일까요? 그것은 부처님의 향기를 맡고 왔기 때문일 것입니다. 부처님께서 머무시던 방을 여래향실이라 하고, 법에서 향기가 난다고 해 법향(法香)이라 합니다. 꽃의 향기는 바람을 타고 흐를 뿐이지만, 법향은 바람을 거슬러 퍼져 나갑니다.

부처님 성지에 가면 바로 이 향기를 맡을 수 있고 그 향기에 취할 수 있습니다. 이 향기는 코로 맡아지는 것이 아닙니다. 온몸으로 느끼는 것입니다. 우리는 부처님 성지를 순례하면서 기간 내내 성지에 계셨던 부처님과 그 위대한 제자들에 대해 생각하게 됩니다. 그리고 그곳에서 설한 부처님의 말씀과 인연 이야기 등도 무척이나 궁금할 것입니다. 『선묵혜자 스님과 함께 부처님 성지에서 배우는 불교』는 불교를 바로 배우고 자신의 정신을 향상하게 하고 부처님과 그 위대한 제자들에게 가까이 가게 해 줄 것입니다.

수락산 도안사에서

차례

03 진리를 설한 땅 샤르나트 _163

사르나트의 불교 유적 _206

갠지스강 | 다메크 대탑 | 초전법륜상 | 아소카 석주 | 4사자상 | 다르마차크라 대탑 터 |
영불탑 | 근본여래향실 | 봉헌탑 터 | 신여래향실 | 사르나트 고고학 박물관

진리를 설한 땅에서 배우는 교리 _216

사부대중 | 야사 | 삼보 | 오계 | 전도선언 | 우바새 | 우바이 | 승가 | 권청(勸請) | 안거 |
아라한 | 니그로다 사슴 | 잡아함경 | 보시 | 십선계 | 가섭 삼형제 | 발우 | 삼독 | 금강경
사구게 | 위의(威儀)

04 열반의 땅 쿠시나가르 _231

01

성인이 나신 땅 룸비니

미래에 석가모니불이 될 것이다 | 하늘 위·아래 나홀로 존귀하다
거룩한 부처님이 되실 것입니다 | 네 곳의 성문에서 인생을 보다
위대한 출가를 단행하다 | 세금은 8분의 1만 부과한다 | 삶을 통해 진리를 보여 주시다
숙세의 인연은 어쩔 수 없다 | 룸비니 인연 일심광명으로 답하다

인도의 인더스강 유역에는 문화와 문명이 뛰어난 '인더스 문명'이 발달해 있었습니다. 오래전. 터 전해 내려오는 인도 원주민의 토착 사상은 업(사람의 행위, 業識)과 윤회사상이 주를 이루었습니다. 외부로부터 들어 온 아리안족은 브라만이 태어나면서부터 최고이고 신성한 존재라고 믿었으나 원주민인 드라비다족의 사상은 인간 자신의 행위에 따라 사람으로도 태어나고 신이 될 수도 있으며 노예로도 태어난다고 생각했습니다. 원주민의 이러한 사상은 태어나면서 신분이 이미 정해진다는 아리안족의 사상에 어긋났습니다. 그러나 아리안족은 상대적으로 문명 수준이 높은 원주민들의 윤회사상과 업(業)사상을 받아들이면서 인도의 문화를 형성해 나갔습니다.

 아리안족은 네 가지 계급을 만들었습니다. 신과 소통하는 토착 제사장들과 최상의 브라만 계급. 나라를 다스리고 정복에 필요한 왕족과 무사들은 크샤트리아 계급, 나라의 경제를 담당할 바이샤 계급. 노예 계급인 수드라를 두었는데 원주민 대부분이 수드라 계급에 속했습니다.

 고타마 싯다르타는 기원전 624년 룸비니 동산에서 왕족계급인 크샤트리아로 태어났습니다. 싯다르타가 태어난 룸비니는 네팔 히

| 부처님 탄생지 룸비니 동산 승원터

말라야 산맥의 작은 언덕에 있습니다. 부처님 당시에는 룸비니가 푸르고 그늘진 사라수로 가득한 아름다운 정원이었습니다. 싯다르타의 어머니 마야 왕비는 친정인 데바다하로 가는 도중에 룸비니의 아름다운 자연을 보고 넋을 잃었다고 합니다. 룸비니의 아름다움에 도취되어 동산을 거닐다가 산기(産氣)를 느껴 무우수(無憂樹) 나무를 잡는 순간 아기 부처가 탄생했다고 합니다.

  기원전 249년 인도의 아소카왕 방문하였을 때 룸비니는 번성한 마을이었습니다. 아소카왕은 불탑 4기와 꼭대기에 말 모양이 조각된 석주(石柱)를 세웠습니다. 룸비니의 모습은 4세기 중국의 법현 스님과 7세기 현장 스님의 글에도 잘 기록되어 있습니다. 14세기 초에 리푸 말라왕이 자기의 순례기를 아소카 석주에 명문으로 새기기도 했습니다. 15세기 이후 룸비니 순례가 중단된 이유는 아직 분명하지 않습니다. 이후 몇 세기 동안 룸비니는 사람들의 뇌리에서 멀어져 갔습니다.

  1896년에 휠러 박사와 당시 팔파의 총독이던 카드가 삼셔가 아소카 석주를 발견할 때까지 룸비니는 파괴되어 폐허로 있었습니다. 휠러 박사는 주변 지역을 조사하고 발굴하여 벽돌로 된 사원과 사원 안에서 싯다르타의 탄생장면을 묘사한 사암 조각을 발견하였습니다. 이후 부처님의 탄생지인 룸비니 성지는 세계의 위대한 종교 가운데 하나인 불교의 가장 성스러운 곳으로 인정되어 오늘에 이르고 있습니다.

불교의 창시자 석가모니 부처님은 룸비니에서 태어나 카필라 성 (城)에서 자랐는데, 둘 다 현재 네팔 땅입니다. 그래서 네팔인들은 이를 근거로 석가모니가 인도인이 아니라 네팔인이라고 주장하며 항상 옆 나라 인도하고 국적 논쟁으로 다투기도 합니다. 그러면 부처님 당시에는 인도 땅 이었던 룸비니가 어떻게 네팔 땅이 되었는가?

현재의 네팔 지역은 작은 부족 국가들이 나누어져 중국, 인도나 티베트의 지배를 받다가 1768년 12월 21일에 프리트비 나라얀의 주도 아래 통일된 네팔 왕국이 성립되었습니다. 1814년 영국이 침략했지만, 구르카를 필두로 저항한 끝에 영국과 종전협정을 맺고 영토 일부를 영국에게 할양하는 대신 독립을 유지하면서 국가로 발전하게 됐습니다.

네팔은 예나 지금이나 인도 문화권이며 전 국민의 90% 가까이가 힌두교 신자입니다. 불자가 8% 정도 되지만, 대부분의 불교 신자들은 티베트계 사람들입니다. 룸비니 동산은 고타마 싯다르타가 인간으로 태어나 모든 인류와 생명의 스승이 되신 분의 고향입니다. 그래서 부처님의 고향, 룸비니 동산은 모든 인류의 고향입니다.

미래에 석가모니불이 될 것이다

부처님은 전생에 선혜 동자라는 바라문으로 살고 있었습니다. 큰 부잣집 아들로 태어난 선혜 동자는 부모님이 일생 동안 많은 재산을 모으느라 평생을 애쓰셨으나 그 재산을 하나도 가져가지 못하는 것을 보았습니다. 선혜 동자는 부모님이 돌아가시자 막대한 재산을 모두 불쌍한 이웃들에게 나누어 주고 히말라야 산속으로 들어가 수행자가 되었습니다

또한 선혜 동자는 연등불이 오시는 길이 질어서 걷기 힘든 것을 보고 자신이 입은 사슴 가죽을 땅에 깔았고, 가죽이 모자란 부분에 자신의 머리카락을 다시 깔아 연등불이 지나가게 할 정도로 공부했습니다. 연등불은 선혜 동자를 보고

"미래에 사바세계에서 부처가 되어 모든 중생을 교화할 것이고, 석가모니라고 불릴 것이다."

라고 수기를 내렸습니다. 수기(授記)란 부처님이 큰 서원을 발한 중생에게 다가오는 세상에 반드시 성불할 것이라는 기별(記別)을 주는 것으로, 수기는 부처님의 예언이고 보증입니다. 선혜 동자는

| 인도 델리 박물관소장 부처님 탄생 부조
미래에 사바세계에서 부처가 되어 모든 중생을 교화할 것이고, 석가모
니라고 불릴 것이라고 수기

스스로 환희에 넘쳐 노래했습니다.

"허공에 던져진 흙덩이가 땅으로 떨어지듯, 나는 반드시 부처님
이 되리라. 짙은 어둠이 끝나면 태양이 솟아오르듯, 나는 반드시 부
처님이 되리라. 깊은 잠에서 깨어난 사자가 포효하듯, 나는 반드시
부처님이 되리라. 짊어진 무거운 짐을 벗어버리듯, 나는 반드시 부
처님이 되리라."

선혜 동자의 환희와 결심은 그 이후로 수많은 생을 거듭하며 차
곡차곡, 그리고 견고하게 실천되었습니다. 이같이 부처님은 수억
겁을 그 스스로 끝없는 수행과 자비행을 통해 자신의 원력, 부처님
이 되리라는 결심을 실천하고 이룩했습니다. 그러기에 부처님은
올바른 깨달음을 이룩한 완전한 지혜와 행동을 갖춘, 훌륭한 일을
완성한, 하늘과 인간의 스승이 되신 것입니다. 세상에서 가장 높은

| 연등부처님과 선혜 동자

스승이시며 모든 인류를 향해, 그리고 세상의 모든 생명에게 부처
가 될 수 있음을 보여 주셨던 것입니다.

선묵혜자 스님과 함께 부처님 성지에서 배우는 불교 上

하늘 위·아래 나 홀로 존귀하다

『본생경』의 기록에 따르면 부처님은 도솔천 내원궁에서 인간 세상에 하강의 시기와 장소 등을 살폈고, 어떤 방법으로 사바세계에 등장하는 것이 좋을 것인가를 고민했다고 합니다. 어떤 지위와 신분을 가진 이를 부모로 택할 것이며, 태어날 날은 언제가 좋고, 나라는 어떤 곳으로 할 것이며, 어떤 때를 맞추어 하강하면 좋을 것이고, 사바세계에 몸을 나투는 당위성을 어떤 것으로 정할 것인가 등등 수없이 많은 조건을 고려했다는 것입니다.

출생 신분을 바라문(제사장)이 아니라 계급 간 소통이 비교적 원활한 크샤트리아(왕족)로 고른 것입니다. 또한 대국의 황제가 아니라 소국의 왕을 부모로 택하였습니다. 탄생의 시점을 고대 또는 원시사회가 아니라 사유와 철학의 깊이가 어느 정도 성숙한 시기로 잡았습니다. 태어나서 외친 첫 일성(一聲)을 모든 생명 있는 것들은 제각각 가장 존귀한 존재임을 선언하는 것으로 정한 것 등은 부처님께서 이 세상에 태어나기 전 도솔천에서 얼마나 진지하게 사바에서 펼칠 삶의 모습에 대해 고뇌했는지를 짐작하게 합니다.

| 마야대비 사원에 부조된 마야왕비 탄생 조각

"붓다가 사바에 첫 발걸음을 내딛는 순간 삼라만상이 환희에 젖는다. 그 숭고한 발에 흙을 묻게 할 수 없기에 땅에서 연꽃이 저절로 솟아 붓다의 두 발을 떠받친다. 어디선가 찬탄의 음악이 연주되고 있고, 하늘에선 꽃비가 내리고 있다."

부처님의 탄생을 가장 흥미롭게 묘사되고 있는 부분입니다. 각 불전(佛典)마다 조금씩 차이는 있지만 그 요지는 대략 이렇습니다.

"마야 왕비가 당시의 관습에 따라 출산을 위해 친정집으로 향하던 중 아름다운 룸비니 동산에 이르러 휴식을 취했다. 아름다운 경관에 취해 한동안 서 있는 동안 갑자기 출산의 고통이 찾아왔다. 이때 마야 왕비는 사라수 나무의 늘어뜨린 가지를 붙잡고서 장래의 붓다가 될 아이를 낳았다. 브라흐마(힌두교의 제석천, 불교에서는 범천)가 두 손으로 아이를 받았고, 다른 신들과 천녀들은 그녀를 시중들었으며, 제석과 범천왕과 사천왕과 그 권속들과 보살들이 와서

선묵혜자 스님과 함께 부처님 성지에서 배우는 불교 上

| 룸비니 마야대비 사원 내부에 있는 부처님 탄생 발자국

호위하였다. 또한 대범천왕이 흰 불자를 가지고 좌우에 시립(侍立) 하였다. 그리고 공중에서는 용왕의 형제 난타와 우바난타가 왼쪽에서 맑고 깨끗한 따뜻한 물과 오른쪽에서 시원한 청정수 물 두 줄기가 뿌려져 아이를 씻어 주었다. 사라수 옆으로 아이를 낳은 후 왕비의 몸을 씻기 위해 기름 가득한 연못이 생겨났다. 부처님은 태어나자마자 동서남북 사방을 차례로 둘러본 후 북쪽을 향해 일곱 걸음을 걸었다. 그때 그가 밟았던 걸음마다 땅에는 연꽃이 피어올랐다. 이윽고 붓다는 걸음을 멈추고 한 손으로는 하늘을 다른 한 손으로는 땅을 가리키며 외쳤다.

'하늘 위 하늘 아래 오직 나만이 가장 존귀하도다. 일체의 모든 괴로움 내 중생들을 위해 기필코 그치게 하리라. 이는 나의 마지막

| 마야 부인의 출산 장면을 새긴 조각상
아기 왕자가 마야 부인의 옆구리에서 태어나고 있다

탄생으로, 이제 더 이상의 태어남이 없을 것이다.'

아기 부처님의 선언이 끝나자 일곱 가지의 기적이 생겨났다. 천지가 진동하고, 바람은 흐름을 멈추었으며, 새들이 은신처를 찾고, 모든 초목들은 꽃을 피우고, 열매를 맺었다. 고요와 평화가 온 땅을 지배했다."

부처님의 탄생선언은 인류의 범주를 넘어 모든 생명 있는 것들의 차별 없는 존귀함을 선포한 선언이라고 해야 더 적합합니다. 부처님께서 이 세상에 온 것을 두고 일대사(一大事)의 인연이라고 부릅니다. 부처님은 절대 신으로부터 인간을 해방시키고, 억압적인 계급제도로부터 사람들을 구제하며, 어리석음(무명)으로부터 중생들을 해탈시킨 성인입니다.

부처님 당시에 룸비니는 많은 초목과 사라수의 그늘이 우거진 매우 아름다운 동산이었다고 전합니다. 아름다움을 나눌 수 없어 석가족과 콜리야족이 공유하고 있었던 곳이라고도 합니다.

선묵혜자 스님과 함께 부처님 성지에서 배우는 불교 上

| 무우수 아래 출산하는 모습
  모든 생명 있는 것들은 제각각 가장 존귀한 존재임을 선언하는 탄생게

| 마야부인 코끼리 태몽
  마야 왕비는 상아가 여섯 개 달린 흰 코끼리가 옆구리로 들어오는 상서로운 태몽을 꾸었다

거룩한 부처님이 되실 것입니다

    고타마 싯다르타는 40세가 되도록 아이가 없던 숫도다나(정반왕) 왕의 기대를 한몸에 받고 태어났습니다. 아버지는 아들의 이름을 '모든 것이 다 뜻대로 이루어진다.'라는 뜻의 '싯다르타'로 지었습니다. 아들이 태어나자 정반왕은 브라만과 선인들을 초청해 왕자의 운명을 살펴 달라고 했습니다. 히말라야에 사는 아시타 선인은 태자의 관상을 살펴보고 나서 갑자기 눈물을 흘리고 슬피 울면서 크게 원통하여 어찌할 바를 몰랐습니다. 이를 본 정반왕과 마야 왕비는 근심하는 눈으로 이유를 물었습니다. 아시타 선인은 눈물을 거두고 말하였습니다.

    "태자의 상을 살펴보니 정수리에 살상투가 솟았고, 머리털은 검푸르면서 소라 모양으로 위로 돌았으며, 눈썹 사이에는 흰털의 상서가 있고(白毫相), 가슴에는 만(卍)자 무늬가 있고, 목에는 일광(日光)이 있고, 온몸은 붉은 금빛이며, 발바닥에는 천 폭의 바퀴 무늬가 있는 등의 서른 두 가지(三十二相)의 대인의 모습과 여든 가지(八十種)의 미묘한 상호를 갖추었습니다. 이러한 삼십이 대인상과

| 싯다르타 태자의 탄생 장면
네팔 카트만두 국립박물관 소장

팔십종의 상호를 지닌 이는 반드시 전륜성왕이 되거나 그렇지 않으면 천상·천하의 제일 도사이신 부처님이 되실 징조이옵니다. 그러하온데 태자는 반드시 이 세속을 떠나시어 도를 닦아 '붓다'가 되실 것 이온데 이 사람은 이미 백여 세라 수명이 다하여 태자가 '붓다' 되시는 것을 뵈올 수 없고 법을 듣지 못하고 세상을 뜨게 되오니 그 때문에 슬퍼하옵니다."

라고 예언했습니다. 아버지는 전륜성왕이 될 것을 믿어 의심치 않으며 아기의 두 발에 예의를 갖춰 절을 했습니다. 이러한 기쁨도 잠시, 마야 왕비는 태자를 낳은 후 일주일 만에 죽고, 어린 싯다르타는 이모인 마하파자파티의 손에서 자랐습니다.

| 싯다르타 태자를 안고
출가를 예언하는 아시타 선인
2~3세기, 파키스탄 페샤와르 박물관

　어느덧 12살이 된 싯다르타 태자는 왕이 되는 학습을 위해 아버지를 따라 농경제에 참석했습니다. 농부들은 소에 쟁기를 메어 밭을 갈고 소가 늦게 가면 때때로 채찍을 휘둘렀습니다. 흙을 뒤집는 쟁기 사이로 작은 벌레들이 기어 나오고 이때 새들이 날아와 사정없이 벌레들을 쪼아 먹었습니다. 그것을 본 태자는 의문을 가졌습니다. '왜 하나가 살기 위해 하나는 죽어야만 할까? 함께 잘 사는 길은 없을까?' 태자는 농부의 비참한 모습과 채찍을 맞아 눈물 고인 소의 눈망울을 생각하며 깊은 사색에 잠겼습니다. 사라진 아들을 찾아 헤매던 정반왕은 잠부나무 아래에서 선정에 잠겨 있는 싯다르타 태자의 모습을 보고 너무나 거룩한 나머지 자신도 모르게 아들에게 절을 올렸습니다.

네 곳의 성문에서 인생을 보다

싯다르타 태자는 행복한 시간을 보냈습니다. 정반왕은 아들을 위해 여름, 겨울, 비 오는 계절에 각각 머물 수 있는 세 개의 궁전을 지었습니다. 높고 겹겹이 싸인 담장 안의 궁전에는 젊고 아름다운 여인들이 항상 태자 주위에 머물렀고 기름진 음식도 풍족해 부족함이 없었습니다.

어느 봄날, 왕족들과 봄나들이를 위해 성의 동쪽 문밖을 나온 싯다르타 태자는 몸이 바짝 마르고 이가 몽땅 빠진 채 기운 없이 비틀거리는 초라한 노인을 보았습니다. 태어난 모든 것은 세월이 흐르면 저렇게 늙을 수밖에 없는 것일까?

남쪽 성문을 나갔을 때 길가에 쓰러져 고통으로 신음하는 병든 자의 모습을 보았습니다. 한때는 찬란한 미래를 꿈꾸고 의욕 넘치게 나날을 보냈을 사람이 지금은 저렇게 병들어 괴로워하고 있는 것을 보고 어떻게 저 사람의 아픔을 무시할 수 있을까.?

서쪽 성문으로 나올 때 머리를 풀어헤치고 슬피 울며 장례 행렬을 따르는 사람들을 보았습니다. 사랑하는 사람과 예고도 없이 이

| 생로병사를 보는 싯다르타
　네곳의 성문에서 인생의 무상함을 보고 출가를 결심했다

별할 수밖에 없는 죽음. 자신이 거부한다고 오지 않는 것도 아니고 신분의 높고 낮음에 관계없이 누구나 겪게 되는 일이 아닌가?

　동문, 남문, 서문에서 각각 늙고, 병들고, 죽은 사람을 보게 된 것입니다. 경전은 그때의 심정을 이렇게 전하고 있습니다.

　"인간은 태어났다가 결국은 늙고 병들어 죽고 마는 것. 어머님은 이미 세상을 떠났고. 아버님도 나도 언젠가는 죽는다. 이 세상에 태어난 자가 필연적으로 겪는 늙고, 병들고, 죽는 괴로움, 아아, 인생은 허무하고 괴로운 것이다. 아무리 몸부림쳐도 벗어날 수 없는 죽음의 수렁이 앞에 막아서 있다."

　싯다르타 태자가 홀로 사색하는 시간이 많아지자 걱정이 된 정반왕은 조카인 아난다와 마하마나에게 함께 나들이라도 다녀오라고 부탁했습니다. 거리는 왕의 명령으로 걸인이나 병자 없이 깔끔하게 정리되어 있었습니다.

　싯다르타는 북쪽 성문으로 나갔을 때 멀리서 걸식하고 있는 수행자를 보았습니다. 머리와 수염을 깎고 분소의(糞掃衣)를 걸친 채 맨발이었지만 눈빛이 맑고 총명했으며 당당히 걷고 있었습니다.

| 싯다르타 네 곳의 성문에서 늙음, 병듦, 죽음, 수행자를 보다

　생명을 가진 어떤 것도 이 고통에서 벗어날 수 없다는 것을 확인하고 번민하던 싯다르타 태자는 북문 밖에서는 수염과 머리를 깎고 가사를 두루고 손에는 바릿대를 든 출가 수행자를 보고 자기도 수행자가 되는 것이 가장 좋은 일이라 생각했습니다. 이러한 사문유관으로 인하여 태자는 왕궁의 부귀영화와 부왕의 만류도 뿌리치고 밤중에 성(城)을 넘어 마침내 출가수행을 단행한 것입니다.

　　　　　　선묵혜자 스님과 함께 부처님 성지에서 배우는 불교 上

위대한 출가를 단행하다

　북쪽 성문에서 수행자를 만난 후 싯다르타의 삶은 점차 변모되었고, 마침내 부왕인 정반왕에게 출가하여 수도할 수 있도록 허락해 줄 것을 간청하였습니다. 정반왕은 크게 놀라 온갖 말로 희유를 하였지만 싯다르타 태자의 결심은 추호의 변동이 없었습니다.

　결국 부왕은 태자에게 왕위를 이을 왕손을 얻기 전에는 출가할 수 없다는 조건을 내세워 같은 석가족인 이웃 나라 콜리성의 야소다라 공주와 결혼을 시켰습니다. 결혼을 하면 마음이 돌아설 것이라는 부왕(정반왕)의 생각도 해탈의 길을 찾으려는 태자의 생각을 바꾸지는 못하였습니다. 그런데 이 시기에 결혼한 부인 야소다라에게서 아들이 태어납니다. 싯다르타는 태어난 아들이 출가에 '장애'가 되었다고 하여 아들의 이름을 '라훌라'라고 하였습니다.

　싯다르타는 결국 29세 되는 해 2월 8일 밤에 부왕 모르게 마부 찬타카와 함께 궁을 빠져나가 출가를 단행했습니다. 이제 더는 수행을 미룰 수 없었습니다.

　"지금 내 마음이 너무도 간절하니 말에 안장을 얹어 빨리 끌고 오

| **출가하는 싯다르타**
중생이 삶과 죽음의 고통을 해결하기 위해 출가하다

라. 불사(不死)의 경지를 얻기 위해 성을 나가겠다."

마부 찬타카가 애마(愛馬) 칸타카를 끌고 오자 싯다르타 태자는 말에 올라 성문을 향해 달렸습니다. 사천왕이 달려와 말발굽 아래에 손을 받치니 소리가 나지 않았고, 겹겹이 잠긴 단단한 궁전 문도 천신의 신통력으로 저절로 열렸습니다. 성을 빠져나가 연꽃 같은 맑은 눈으로 부왕인 정반왕이 계신 궁전을 바라보며 다짐했습니다.

"나는 하늘에 태어나기를 원치 않는다. 많은 중생이 삶과 죽음의 고통 속에 있지 아니한가. 나는 이를 구제하기 위하여 집을 나가는 것이니 위 없는 깨달음을 얻기 전에는 결코 돌아오지 않으리라."

왕궁이 멀어지자 싯다르타 태자는 아노마강에 이르러 당신의 손으로 머리카락을 자르고, 지나는 사냥꾼과 옷을 바꿔 입었습니다. 부모가 눈물을 흘리며 말리는 데도 수행자가 되려고 출가한 싯다르타 태자는 세상에 유익한 것을 구하고 위 없는 평화로운 경지를 찾아 길을 나선 사문이 되었습니다. 그의 나이 29세 때의 일이었습

| 싯다르타 태자의 위대한 출가
간다라(2~3세기), 콜카타 인도박물관

니다. 이제 수행자 고타마가 된 것입니다.

처음에는 숲속에서 수행을 시작했으나 끝없는 번뇌로 생각이 오락가락하여 도움을 받을 수 있는 스승이 필요했습니다. 그래서 스승을 찾아 나섭니다.

첫 번째 만난 선인은 쿠시나가르를 지나 왔지 연맹 땅에 있는 바아르가바 선인인데 현세에 몸을 괴롭히고 정화를 하면 다음 생은 그 보상으로 안락한 삶을 산다고 하며 고행을 하는 수행이었습니다.

두 번째 만난 선인은 바이샬리의 알라라칼라마로 좌선을 통해 무념무상에 이르도록 하는 수행이었습니다. 그는 당시 높은 명성을 얻고 있던 알라라칼라마의 문하에서 그가 가르치는 무소유처정(無所有處定)이라는 수행을 배웠는데 곧 스승의 경지에 도달해 버렸습니다.

세 번째 만난 선인은 마가다국 라지기르의 웃다카라마풋다로 이 또한 선정을 통해 생각이 있는 것도 없는 것도 아닌 곳에 이르도록 하는 것이었습니다. 그는 다른 스승에게 선정을 배웠지만 그 경지 역시 곧 도달해 버렸습니다.

수행자 고타마는 열심히 수행을 해 보았지만 '나'라는 분별된 관념이 있는 한 미세한 번뇌가 남아 있고 생로병사도 있는 것이었습니다. 결국 만족할 만한 답을 찾을 수 없었습니다.

그래서 그는 우루벨라 네란자라강 유역의 숲으로 들어갑니다. 이때 웃다카라마풋다 밑에서 있던 5명의 수행자도 함께 하였습니다.

선묵혜자 스님과 함께 부처님 성지에서 배우는 불교 上

세금은 8분의 1만 부과한다

부처님이 이 땅에 오심으로써 불교는 시작될 수 있었습니다. 수없이 오랜 세월 쌓아온 수행과 자비행의 결실, 그리고 그 혜택이 세상 모든 생명에게 회향하기 위한 첫걸음을 내딛은 것입니다.

불자이거나 아니면 굳이 불자가 아니라도 '아기 부처님이 인도의 룸비니 동산에서 4월 초파일에 태어나셨다.' 라는 명제를 모르는 이는 그리 많지 않을 것입니다. 현재 룸비니 동산은 네팔 영토이고 카필라성과는 30km 정도 떨어져 있습니다. 보통 동산이라고 말하지만 동산보다 잘 가꾸어진 정원이 어울리는 곳입니다.

거울처럼 맑은 연못, 마야 왕비가 아기 부처님을 낳은 후 목욕을 했다는 연못은 네모반듯하게 정비돼 있어 2,500여 년 전의 모습을 상상하기가 쉽지 않습니다. 그 옆으로 높이 7.2m의 아소카 석주가 우뚝 서 있습니다. 상륜부를 장식했을 사자의 모습은 보이지 않지만 석주 표면에는 역사적인 기록이 남아 있습니다.

1896년 독일의 고고학자 휠러 박사에 의해 발견된 이 석주와 명문은 그리 길지 않지만, 그 의미는 상상을 초월했습니다. 불교의 교조인 싯다르타의 탄생, 부처님의 강생(降生)이 역사적 사건임을 명백히 한 기록이기 때문입니다.

"오른쪽 옆구리로 태어난 아기 부처는 오른손은 하늘을 가리키고, 왼손은 땅을 가리키며, 사방으로 일곱 걸음을 걸으면서 사자처럼 당당하게 말하였다. 하늘 위 하늘 아래 내 오직 존귀하니 온통 괴로움에 휩싸인 삼계, 내 마땅히 안온하게 하리라."

아기 부처가 걸음을 옮길 때마다 수레바퀴만큼 큰 연꽃이 땅에서 솟아올라 아기 발을 받들었으며, 천지가 진동하고 삼천대천세계가 밝게 빛났습니다. 사방에서 몰려온 천신들이 지켜보는 가운데 아홉 마리의 용이 따뜻한 물과 차가운 물을 뿌려 아기를 목욕시켰으며, 하늘에서는 꽃비가 쏟아졌습니다.

룸비니 마야데비 사원 중앙에 부처님의 탄생 모습의 조각과 부처님 발자국 돌이 함께 모셔져 있어 이곳이 탄생지라고 인정하고 있습니다. 아소카 석주와 함께 아기 부처를 목욕시킨 연못 또한 잘 조성되어 있습니다. 이 연못은 마야왕비가 출산하기 전에 목욕한 곳으로 추측됩니다.

고타마 싯다르타는 기원전 624년 룸비니 동산에서 태어났습니다. 부처님 당시에 룸비니는 푸르고 아름다운 정원이었습니다. 마야 왕비가 해산을 위해 고향 친정으로 가던 중 싯다르타를 사라수 아래에서 아기 부처를 낳았습니다. 이 사라수는 마야 왕비가 부처님을 낳기 위해 모든 근심을 내려놓았다 하여 무우수(無憂樹)라고 이름 붙여졌습니다.

독실한 불교도였던 인도 황제인 아소카왕은 기원전 249년 이곳
에 기념 석주를 세웠습니다. 인도 북부 지방과 룸비니 지방의 불교
성지에 세운 기념 석주로 기원전 249년 세워졌습니다. 룸비니를
방문한 아소카왕은 석주를 세워서 부처님께서 태어난 곳을 기념하
였는데 '여기 석가모니 부처님이 태어났도다.'라는 기록을 남겼습
니다. 또한 석주에는 다음과 같은 내용이 새겨 져 있습니다.

"아소카왕은 즉위 20년 후, 스스로 와서 참배했다. 여기가 부처님
이 탄생한 곳이기 때문이다. 그래서 돌을 깎아 마상(馬像)을 만들고
돌기둥을 세웠다. 룸비니 마을은 세금을 감면하고 생산의 8분의 1
만 부과한다."

룸비니의 초기 역사는 4세기에 방문한 중국의 법현(法顯) 스님은
『불국기』에서

"성(카필라성)의 동쪽 50리에 왕원(王園)이 있는데, 이름은 논민
(論民. 룸비니)이라고 한다. 마야부인이 못에 들어가 세욕(洗浴)하고
못을 나와, 북쪽으로 못 가를 걷기를 20보, 손을 들어 나뭇가지 잡

| 룸비니 무우수
근심이 사라진다는 룸비니 무우수

고 동향하여 태자를 낳았다. 태자는 땅에 떨어지자 7보를 걸었으며, 두 용왕이 태자를 목욕시켜 준 곳이 있다. 이 욕처(浴處)는 뒤에 우물로 변했고, 부인이 세욕한 못은 지금도 여러 스님이 항상 그 물을 퍼 마신다."

라고 적고 있습니다. 7세기에 룸비니를 찾은 당나라 현장(玄奘) 스님 역시 『대당서역기』에서 황폐한 룸비니를 사실적으로 그렸습니다.

"전천(箭泉. 화살의 샘)의 동북쪽 80~90리 지점에 룸비니 동산이 있다. 석가족 사람들이 목욕하던 못이 있는데, 물이 맑고 깨끗하여 거울처럼 비치며 온갖 꽃들이 어우러져 있다. 그 북쪽으로 24~25 걸음 걸어가면 무우수(無憂樹)가 있다. 지금은 나무가 시들고 말았지만 이곳은 보살께서 태어나신 곳이다."

신라 혜초(慧超) 스님도 8세기 이곳을 찾았습니다. 『왕오천축국전』에는

"이곳은 부처가 본래 태어난 성이다. 그곳에서 무우수를 봤으나 순례자는 방향 잡기가 무척 어려우며, 길을 헤매게 되는 경우가 많

룸비니 마야대비 사원

다. 탑은 있으나 스님들도 없고 백성들도 없었다. 이 성은 중천축국
가장 북쪽에 자리하고 있는데 룸비니 근방은 숲이 무성하고 길에
는 도적이 출몰하기에 예배하러 가기에 힘들다."

라고 적고 있습니다. 룸비니는 15세기까지 순례 성지였습니다.
하지만 어떤 이유에서인지는 몰라도 사람들의 뇌리에서 점차 사라
져 갔습니다.

삶을 통해 진리를 보여 주시다

　2,600여 년 전 어느 날 마야 왕비는 상아가 여섯 개 달린 흰 코끼리가 옆구리로 들어오는 상서로운 태몽을 꾸었습니다. 마야 왕비는 태기가 있었고 출산을 위해 친정으로 가고 있었습니다. 새들은 환희로운 노래를 멈추지 않았고 세상은 포근하기만 했습니다. 마야 왕비는 아름다운 빛깔과 향기 가득한 이곳에 잠시 머물렀습니다. 사라수 사이를 거닐다 산기(産氣)를 느낀 마야 왕비는 나무의 꽃가지를 잡고 가만히 그 자리에 섰습니다. 그러자 오른쪽 옆구리에서 아기가 태어났습니다. 하늘의 신들이 그물로 아기를 받고, 아홉 마리의 용이 찬물과 따뜻한 물을 뿌려가며 아기를 씻기자 아기의 몸이 황금빛으로 빛났습니다.

　인간과 천상의 스승이 태어나는 순간이었습니다. 그렇게 태어난 아이는 나오자마자 사방으로 일곱 걸음을 걸었다고 합니다. 걸음걸음 연꽃이 피어났다는 이야기도 있습니다. 룸비니 동산의 마야 데비 사원. 히말라야가 살짝 비칠 것 같은 물가에 고즈넉한 자리에서 부처님은 태어나셨습니다. 부처님의 태어남에 어떤 신비한 일

| 아소카 왕 때 만든 산치 대탑에는 마야 부인의
출산 장면이 새겨져 있다

이 있었든 혹은 없었든 상관없이 우리에겐 더없이 높은 스승으로 소중합니다.

수천 년간 신(神)에게 종속되어 살던 모든 사람에게 신들의 세계 위아래 어느 곳에도 얽매이지 않는 홀로 존귀한 존재가 바로 우리임을 일러주러 오셨기 때문입니다. 그리고 신분이 높거나 그렇지 않거나, 재산이 많거나 혹은 적거나 그 어떤 조건에도 관계없이 세상 모든 존재가 마땅히 행복해야 한다고 선포하신 놀라운 스승님이 탄생하셨기 때문입니다.

우리는 부처님 탄생일을 부처님 오신 날이라고 이름 붙여 기념하고 있습니다. 부처님이 오셨다는 것은 무슨 의미일까? 부처는 붓다의 음역인데 '깨달은 사람'이라는 의미입니다. 부처님이라는 말은 두 가지 의미로 나눠볼 수 있습니다. 하나는 몸과 인격을 가진 생명체로서의 한 인간을 말하고, 다른 하나는 깨달음, 즉 진리 그 자체를 의미합니다.

역사적 인간으로서의 부처님은 현재 네팔의 룸비니에서 태어나셨습니다. 도솔천의 천주로 있던 호명(護明) 보살이라는 일생보처

보살(一生補處菩薩, 다음 생에 부처님으로 출현할 보살)로서 계시다가 부처로서 출현할 때가 되어 이 땅에 온 것입니다.

그때 호명 보살은 시기, 대륙, 나라, 집안, 어머니의 다섯 가지를 관찰하고 거기에 가장 적합한 곳을 선택하여 히말라야 산록의 카필라성의 숫도다나(정반왕)를 아버지로 마야 왕비를 어머니로 해서 태어나는 것이 가장 합당하다고 판단했습니다.

마야 왕비가 재계를 지켜 몸과 마음을 깨끗이 하는 때에 호명 보살이었던 부처님께서 그 태에 드셨던 것입니다. 마야 왕비는 출산일이 가까워오자 관습대로 친정으로 향했습니다. 그러나 자신의 친정에 도착하지 못하고 도중에 지금의 룸비니 동산에서 출산하셨습니다.

길에서 태어나신 부처님은 출가해 마가다국의 보드가야까지 걸으셨고, 깨달음을 얻으신 후에는 평생을 탁발하시면서 걸으셨습니다. 그리고 자신이 깨달으신 진리를 설하기 위해 사르나트까지 걸으셨습니다. 자신의 고향으로 되돌아오시던 중 쿠시나가르에서 적멸에 드셨습니다. 길에서 태어나 길을 걸으시다가 길에서 돌아가셨습니다. 머무름이 없는 진리를 온 생애를 통해 몸으로 보여 주신 것입니다.

숙세의 인연은 어쩔 수 없다

부처님 말년 카필라국은 이웃의 강대국이었던 코살라국의 비두다바 왕에 의해 멸망했습니다. 태양의 종족이라는 석가족의 자부심이 화근이었습니다. 수많은 생을 거듭하면 쌓아 올린 선업이 깨달음의 씨앗이 되었다면 키필라성은 그 씨앗이 싹을 틔우고 자라 꽃을 피울 수 있을 만큼 튼튼한 나무로 성장할 수 있는 밑거름이 되어 주었습니다.

하지만 지금은 그 찬란했던 시절의 영광도, 카필라성 최후의 날에 흘러내렸던 붉은 선혈의 흔적도 그저 아련하기만 합니다. 카필라국은 코살라국의 비두다바 왕이 석가족에 원한을 갖게 된 연유로 멸망하게 되었습니다. 당시 파사익왕이 석가족의 공주와 혼인 관계를 맺기를 원했고, 이를 달갑지 않게 생각한 석가족이 천민 출신의 왕에게 석가족의 공주를 보내기는 싫었습니다. 하지만 그 위세가 두려워 감히 거절치 못하다가 말리카라는 석가족 부족장 마하남의 여종을 공주로 위장해 시집을 보냈습니다.

어느 날 석가족이 부처님과 그 제자를 위해 성안에 새로운 강당

| 카필라성
고타마 싯다르타가 태어나 성장한
카필라 성터

을 짓고 꽃과 보배로 사자좌를 장식해 놓았습니다. 어린 비두다바 왕자가 호기심에 강당 안으로 들어가 사자좌에 앉은 것을 발견한 석가족들은

"이 거룩한 집에 계집종의 자식이 감히 들어왔느냐?"

라며 크게 꾸짖었습니다. 이후 자신의 출생 비밀을 알게 된 비두다바는 석가족에 깊은 원한을 품게 되었습니다. 비두다바가 석가족을 멸망시키기 위해 진군하는 길목의 앙상한 나무 아래 앉아 있던 노년의 부처님이 비두다바의 질문에 답한 말은 친족에 대한 인간적 연민을 잘 나타내고 있습니다.

"대덕이시여. 원림이 바로 지척에 있사온데 어인 까닭으로 그늘 한 점 없는 마른나무에 의지 삼아 계시옵니까? 병사들에게 휴식을 주려는데 뵙기가 민망하옵니다."

"왕이시여. 번성한 남의 숲 그늘보다는 비록 다 죽어서 보잘것이

| 카필라국의 멸망을 뙤약볕에 앉아
군대를 막고 있는 부처님

없다고는 하나 그래도 친족의 그늘이 훨씬 더 시원하고 정겨운 법이라오. 저 숲이 설령 우리들 이마에 땀방울은 씻어 줄 수 있을지언정 우리 마음속에 자리한 아픔만큼은 쉽사리 씻어 주지 못한다오. 그것은 비두다바의 용맹스러운 군사가 제 아무리 시원한 창검의 숲을 이루고 있다고 한들 지금 이 메마른 나무 하나를 건사하지 못함과 똑같은 이치라오. 그리고 저 병사들에게 참된 휴식을 주시려거든 한낱 숲 그늘에서 쉬게 하지 마시고, 바로 화해시킴의 마음속에서 쉴 수 있도록 하시오. 화해시킴의 마음속에다 무성한 원림을 가꾸신다면 어찌 병사들뿐이겠소. 이 땅의 모든 인민들까지도 기꺼이 그 그늘에 쉬어갈 것이오. 진실로 그리하시면 붓다도 더 이상 죽어가는 나무를 근심하지 않아도 될 것이라오."

이 일로 인하여 비두다바는 세 차례나 군사를 돌렸습니다. 그러나 석가족의 인연이 다 되었음을 아신 부처님은 길목에 나가지 않은 네 번째의 출정에서 비두다바 왕은 석가족을 몰살시켰습니다. 부처님 또한 '친족의 그늘은 시원한 법'이라며 비두다바 왕의 정복 전쟁을 돌이키고자 했지만 '숙세의 죄업은 어쩔 수 없음'을 한탄하시며 조국의 멸망을 지켜보셔야만 했습니다.

룸비니 인연 일심광명으로 답하다

부처님 탄생성지 네팔 룸비니 동산과의 깊은 인연은 2007년 2월 부처님 오신 날 특집 '아가마의 길' 촬영을 위해 부처님 열반 성지 쿠시나가르를 방문하면서 부터입니다. 이때 대열반사 주지 스님은 108산사순례기도회의 취지를 듣고 선뜻 부처님 진신사리 8과를 봉양했습니다. 이듬해 5월, 불기 2552년 전에 부처님께서 고향 카필라국을 향하다 열반에 든 부처님 진신사리를 모시고 특별 전세기로 네팔 룸비니 동산을 방문했습니다.

그 일은 엄청난 용기와 신념을 필요로 했습니다. 당시 네팔은 정부군과 반군이 싸우는 분쟁지역이었기에 정부의 정보기관과 종단에서도 만류했습니다. 어려움속에서도 108산사순례기도 회원 300명이 룸비니를 방문하자 정부군과 반군은 회담을 열어 "부처님의 진신사리가 2552년만에 고향을 찾는데 이 기간 동안만이라도 휴전하자."라고 합의했습니다. 결국 원력을 세운 한국 불자들의 발걸음은 당시 네팔에서 벌어지고 있던 전쟁 상황을 멈추게 한 평화로 이어졌습니다.

| 부처님 탄생성지 룸비니 동산에 조성된 평화의 호수 공원

300여 불자들과 부처님 탄생성지를 찾아 룸비니에 진신사리를 모시고 세계평화를 기원하는 대법회를 봉행했습니다. 당시 기리자 프라사드 코이랄라 수상은 네팔 정부를 대표해 평화를 가져옴에 감사의 마음을 전하고 평화 훈장을 수여했습니다. 또 1997년 유네스코 세계유산으로 지정된 룸비니 지역 2,000여평을 선뜻 무상으로 기증했습니다. 그래서 이곳을 한국은 물론 세계인에게 평화의 정신을 알리는 공간으로 조성하겠다는 원을 세웠습니다.

룸비니가 가장 성스러운 평화의 공간이며 인류가 그 정신을 기억하고 되새길 때 세상에 평화가 정착될 수 있을 것이라 확신했습니다. 그래서 차근차근 룸비니 불사를 진행해 나갔습니다. 2012년 2월 룸비니 동산에 세계평화를 기원하는 기념비와 진신사리 봉안

탄생불을 조성하여 봉안했습니다. 또한 평화의 호수공원을 정비하고 룸비니 인근 마듀버니 마을에는 108선혜학교를 세우고 현판식을 봉행했습니다.

2013년 한국 정전 60주년을 맞아 남북은 일촉즉발의 엄중함이 고조되고 있었습니다. 그래서 종교인으로 국민의 한사람으로 이곳 룸비니 동산 '평화의 불'을 한국으로 이운하여 평화를 기원하겠다고 발원하였습니다.

한국 정전 60주년을 맞아 한반도에 남북 화합과 통일의 불씨를 피워 올리겠다는 원을 세우고 추진했습니다. '평화의 불'은 네팔의 람바다 야다부 대통령으로부터 직접 전달받아 네팔 카투만두를 출발해 히말라야를 넘어 시가체, 장체, 라싸, 거얼무, 신장 카슈가르, 호탄, 타클라마칸 사막, 쿠차, 우루무치, 투루판, 둔황, 막고굴, 난주, 시안, 청도를 거치며 새로운 평화의 길을 개척했습니다. 그리고 청도에서 뱃길로 인천항에 도착한 '평화의 불'은 임진각 평화누리 광장에서 '분단의 벽을 넘어 평화를 꿈꾸다.'를 주제로 통일을 발원하는 평화 대법회를 열고 2만km 대장정을 마무리했습니다. 법회 당시 DMZ를 수놓은 일(1)자 무지개는 한민족이 하나임을 증명해주는 듯했습니다.

'평화의 불'에 이어 룸비니 종각 불사가 본격화된 것은 2018년 9월입니다. 이듬해 5월 룸비니 동산에 한국 양식의 종각이 세워지고 세상의 평화를 기원하는 '한국의 종' 조성에 들어갔습니다. 그러나 생각지도 못한 난관이 기다리고 있었습니다. 코로나 19라는 팬데

| 부처님 탄생성지 룸비니 동산에 봉안된 한국의 종

믹이 전 세계를 휩쓴 것입니다. 코로나 19 기세가 한풀 꺾인 것은 2023년 초였습니다. 그동안 한시도 룸비니를 잊지 않고 다시 종각 낙성식 및 타종 행사를 진행키로 하였습니다.

2023년 7월 '한국의 종'이 ㈜성종사에서 제작되어 부산항을 출발해 태평양을 건너 인도 캘커타에 도착했습니다. 이후 육로를 거쳐 인도 국경을 넘어 두 달여 만에 네팔 룸비니에 이르렀습니다. 같은 해 11월 28일 '평화를 기원하는 한국의 종 타종 및 종각 낙성식'이 봉행할 수 있었습니다. 타종식 행사 전날 108산사순례기도회 대중들이 촛불 전야제를 위해 이곳 룸비니를 찾았을 때 탄생불 뒤로 영롱한 일심광명 무지개가 떠올라 감동과 상서로움을 더했습니다.

네팔 룸비니 동산 범종각 낙성식 및 '한국의 종' 타종을 부처님께

| 룸비니 인근에 세워진 108선혜 초등학교와 학생들

고하는 고불문에 이어 전통 한복을 곱게 차려입은 42명의 불자들이 향·등·꽃·과일·차·쌀의 여섯 가지 공양물을 정성껏 올리는 육법공양을 봉행하였습니다. '한국의 종'과 한국어·네팔어·영어·중국어로 쓰인 현판 제막식이 진행됐습니다.

한편 '한국의 종' 타종식과 종각 낙성식에 참여한 108선혜학교 학생들이 태극기를 흔들며 환호했습니다. 낙성식 전날인 11월 27일 108산산순례기도회가 108선혜학교를 방문해 체육복과 학용품 등을 전달했습니다. 108선혜초등학교 어린이들도 직접 종을 친 뒤 감사의 마음을 전했습니다.

선묵혜자 스님과 함께 부처님 성지에서 배우는 불교 上

룸비니의 불교 유적

현재의 룸비니 동산에 가보면 큰 연못이 있고, 그 앞에 하얀 건물이 연
못 맞은편의 거대한 보리수를 마주하고 있습니다. 건물 옆에는 부러진
아소카왕 석주가 서 있습니다. 룸비니 개발 국제위원회 룸비니 프로젝
트에 따라 입구에서 1km에 달하는 호수가 조성되고 '평화의 불'도 모
셨으며 주변에는 세계 각국의 사원들이 들어서고 있습니다.

룸비니에는 싯다르타의 어머니 마야 왕비를 기념하는 순백색의 마야데
비 사원이 있습니다. 내부에는 아름다운 부조, 그리고 아기 부처님이 세
상에 첫발을 딛을 때 남긴 발자국이 새겨져 있다는 바위가 유리 보호막
으로 덮여 보존돼 있습니다.

부처님의 탄생 지점은 1896년 독일의 고고학자 '휠러' 박사가 츄리아
언덕에서 이곳이 룸비니라는 명문이 적힌 아소카왕 석주를 발견함으로
써 고증되었습니다. 그 명문은 하얀 건물 옆 약 7.2m의 높이로 서 있는
아소카 석주 기단에서 위쪽으로 3.3m 지점에 다섯 줄로 새겨져 있습니
다. 아소카왕의 이 명문으로 인해 이곳이 부처님 탄생지로 확정되었습
니다.

아소카 석주

아소카 석주(石柱)에 남은 명문이 이곳을 위대한 스승, 인류와 하늘 세계의 대도사가 태어난 성지임을 알려주고 있다.

고타마 싯다르타 탄생을 기념하기 위해 아소카왕이 세운 석주는 1896 년 독일의 고고학자 '휠러' 박사는 룸비니에서 아소카 석주를 발견했다. 이 석주는 기원전 249년 부처님의 탄생지에 경의를 표하기 위해 이곳을 방문했던 아소카 대왕에 의해 세워졌다.

이 석주는 현재 구룡 연못 북쪽에 위치하며 약 7.2m의 높이로서 지면으로부터 약 3.3m 지점에 다섯 줄로 아소카왕의 비문이 새겨져 있다. 기원전 249년 인도의 아소카 왕이 이 성지를 순례하며 이곳에 불탑 4기와 꼭대기에 말 모양이 조각된 석주(石柱)를 세웠다. 이 석주에는 "신들의 사랑을 받는 아소카왕이 재위 20년에 친히 석가모니가 태어난 곳을 방문하다. 세존이 태어난 곳에 돌난간을 만들고 석주를 세우다. 룸비니 마을의 세금을 감면하고 생산물의 8분의 1만 바칠 수 있는 권리를 준다."라고 글을 새겼다.

마야대비 사원

룸비니에는 가장 대표적인 유적으로 마야데비 사원이 있다. 흰색 사각형 건물 마야데비 사원은 부처님 탄생지에 1943년 복원하고 이후 재건축되었다. 발굴 현장에 사원을 세워 안에는 발굴된 유적 구조물이 유리 아래 그대로 드러나 있고 앞부분에 탄생상이 걸려 있다. 하얀 건물이 마야데비 사원에는 부처님의 탄생 장면을 묘사한 오래된 부조가 새겨져 있다.

오른쪽에는 마야왕비가 오른손으로 무우수 나무를 잡고 아이를 낳는 모습과 중간에는 태어난 아기가 연꽃 위에 서 있는 모습, 왼쪽에는 브라흐만이 태어난 아기를 받쳐 드는 모습과 나머지 두 천녀가 마야부인을 시중하고 있는 모습이 묘사되어 있다. 사원 윗부분에는 천신들이 아이를 씻은 물과 연꽃을 뿌리는 장면이 새겨져 있다. 이 부조는 11세기에서 15세기까지 조성되었다고 한다.

구룡연못

아기 부처를 출산한 마야 왕비가 목욕을 했다는 연못이 있다. 마야데비 사원 앞에는 마야 왕비가 아기 부처를 출산 후 아홉 마리 용이 따뜻한 물과 깨끗한 물로 싯다르타를 목욕을 했던 장소라 하여 구룡 연못이

다. 이곳은 마야 왕비가 부처님을 낳기 바로 직전 목욕을 한 곳이며 아기 부처님을 출산하고 나서 처음으로 씻긴 곳이라고 전해지고 있다.

무우수

연못 너머로는 마야 왕비가 잡았던 아름드리 무우수가 있다. 지금 서 있는 사라수는 마야데비 왕비가 잡았던 것의 증손자뻘 되는 나무이다. 마야 왕비가 아기 부처님 출산할 때 아무런 근심이 없이 잡았다 해서 무우수(無憂樹)라고 소개하고 있다.

불교의 3대 성수(聖樹)는 룸비니 무우수(無憂樹), 보드가야 보리수(菩提樹), 쿠시나가르 사라수(沙羅樹)이다.

룸비니 개발 국제위원회

룸비니가 세계적으로 관심을 끈 시기는 1967년 4월이다. 당시 유엔 사무총장 캄보디아 우탄트가 룸비니를 방문해 "위대한 성인이 태어나신 이곳을 세계 공유의 종교. 문화. 관광을 위해 개발하자."고 제의했다. 1970년 4월 아시아 13개국이 뉴욕에 모여 룸비니국제개발위원회를 결성하고 사업안을 마련했다. 마야대비 사원을 중심으로 약 2백 30만 평의 넓이에 성스러운 정원, 룸비니 센터, 문화센

터, 박물관, 승원 등을 세운다는 내용이었다.

네팔 정부 차원에서도 이 지역에 대한 개발을 엄격하게 규제하고 있으며 룸비니 동산 안에서는 세계 각국의 불교 사원 지역이 설정돼 각 국가의 특성을 살린 사찰이 건립돼 있다. 한국불교계도 대성석가사를 건립해 스님이 상주하며 한국불교를 널리 알리고 있다. 최근에는 108산사순례기도회(회주 선묵혜자 스님)가 룸비니 메인의 부지를 양도받아 한국 네팔 우정의 평화공원, 평화의 호수, 불사리 이운 기념비와 탄생 불, 종각, 한국의 종을 봉안하기도 했다.

카필라 성

마야데비 사원에서 북쪽으로 30km 지점에는 석가족의 왕궁이었던 카필라성이 있다. 카필라성은 당시 300여 개나 되었던 인도 도시국가 중 하나로 히말라야 기슭 석가족의 작은 나라였다.

부처님이 탄생할 당시 카필라성은 비록 작은 나라였지만 평화롭고 경건하며 한 나라로서의 자존심과 주체성을 유지하고 있었다.

카필라 성터는 약간 돋우어진 언덕의 형국을 하고 있는데 동서 450미터, 남북 500미터에 이르는 방형(方形)을 하고 있다. 그러나 실제의 성터는 이보다 훨씬 더 컸을 것이 분명하다.

이곳에서는 수많은 고대 건축물과 주거지의 흔적 및 성벽 4면의 거대한 문, 수문실, 수레바퀴 등이 발견되었다. 특히 중앙에는 숫도다나 왕이 머물렀던 왕궁으로 추정되는 큰 건축물 터가 있다.

룸비니가 부처님이 탄생한 성지라면, 카필라성는 싯다르타가 대각을 이루기 이전 세속에서 보냈던 29년 세월을 고스란히 담고 있는 곳이다. 부처님이 태어나고 성장했으며 마침내 출가라는 대결단을 내린 곳, 카필라성의 왕궁터는 30년 가까이 부처님의 삶의 터전이었다.

카필라성 북쪽으로 약 400미터 떨어진 곳까지 논둑, 밭둑 길을 10여 분쯤 걸어가면 2개의 수투파가 나란히 나타난다. 이 스투파는 부처님의 아버지 정반왕와 어머니 마야 왕비의 무덤으로 추정되는 곳이다. 따라서 부처님이 깨달음을 이룬 후 이곳에 다시 찾아와 직접 조성한 수투파라고 전해진다.

쿠단

카필라성의 주변에는 부처님과 오랜 세월을 보낸 장소답게 관련된 여러 유적이 남아 있다. 그 대표 격이 쿠단인데 이곳은 부처님께서 대각을 이룬 지 얼마 되지 않아 왕사성에서 머물던 중 아버지 정반왕의 간절한 귀향 요청을 받고 카필라성으로 찾아와 약 6개월 동안 머물렀던 곳이다.

부처님은 자신을 보고 싶어 하는 아버지의 마음을 읽고 카필라성 인근인 이곳까지 제자들과 같이 찾아왔다. 아버지의 무려 10차례에 걸친 요청을 언제까지 거절할 수는 없었기 때문이었다. 정반왕이 무려 9명의 사절을 보내 부처님의 귀향을 요청했지만 모두 다 출가하여 되돌아오

선묵혜자 스님과 함께 부처님 성지에서 배우는 불교 上

지 않자, 부처님의 어릴 적 친구 우다인을 열 번째 사절로 보냈고, 그 역
시 출가했다.

그토록 사랑했던 아들이 위대한 스승 부처님이 되어 고향으로 온다는
소식을 들은 정반왕은 설레는 마음을 감출 수 없었다. 부처님은 카필라
성 인근의 쿠단에 도착해 그곳에 머물기로 하고 자리를 잡았다.

태자의 지위에 있던 아들은 다른 탁발승들과 구별이 되지 않을 정도로
남루한 옷을 입고 있었다. 다른 제자들과 구분이 안 될 정도로 똑같은
생활을 하는데 실망한 장반왕은

"붓다의 아버지는 전륜성왕의 아버지보다 더 큰 영광입니다."

라는 우다인의 말을 듣고서야 닫힌 마음을 열었다. 부처님을 환영하는
행사가 열리자 처음으로 신통력을 행사했다. 계급적 자존심이 강했던
석가족이 떠돌이에 불과한 부처님에게 고개를 숙이지 않으려는 것을
부왕이 매우 곤혹스럽게 여기고 있다는 점을 살핀 부처님은 즉각 공중
에 길을 열어 그 길을 통해 아버지에게 걸어감으로써 모든 석가족이 그
를 우러러보도록 했다.

이후 부처님의 이복 동생이며 왕위를 이어가야 할 위치에 있던 난타가
출가를 원함에 따라 정반왕의 출가는 결행되지 못했다. 그러나 부처님

의 아들 라훌라도 이때 출가를 하여 최초의 사미가 되었고, 평생 부처
님의 시자가 된 아난다와 훗날 부처님의 경쟁자로 등장하는 데바닷다
를 비롯하여 부처님의 여러 사촌 형제들이 출가해 동시에 구족계를 받
았다.

또 양어머니 마하파자파티가 부처님에게 처음으로 가사를 지어 올린
곳이기도 하다. 이때 붓다가 입었던 가사의 색깔이 짙은 주홍이었는데,
이후 불교 승단의 가사색은 바로 이 짙은 주홍색으로 정해졌다.

대성석가사(大聖釋迦寺)

석가모니의 탄생지인 룸비니는 숫
도다나 왕의 옛 도읍에 가까운 네팔
에 있으며 국경에서 가깝다. 룸비니
국제 사원지구에 한국 사찰 대성석
가사가 있다. 높이 42m의 대웅전은
황룡사 9층 탑을 모델로 1995년부
터 콘크리트로 지었다. 룸비니 동산의 국제사원지구에는 용지(用地)를
99년간 무상으로 임대하는 조건으로 한국 사찰인 대성석가사를 비롯
한 각국의 전통적인 건축양식을 살린 사원들이 건설되어 있다.

약 1만여 평의 땅을 네팔 정부로부터 99년간 임대하여 1999년에 제1요
사채인 불탄무우수당 783평을 완성하였고, 2002년에는 제2요사채인
대성마야부인당 1100평을 건립하였다. 한편 대웅전은 황룡사 금당의
형태라고 하여 3층으로 연건평 총 1935평의 대법당을 건립했다. 이 건
물의 시작은 1997년부터 시작하여 현재는 완공되었다.

숫도다나(정반왕) 수투파

부처님의 부왕인 숫도다나(정반왕)을 기념해 세운 탑이다. 카필라성에 있다. 기원전 7~6세기 무렵 인도 카필라성의 왕이며 고타마 싯다르타의 아버지이다. 부인이 마야 왕비가 부처님의 생모이다. 한자로는 정반왕(淨飯王), 백정왕(白淨王), 진정왕(眞淨王)으로 번역하며, 정반왕이 가장 널리 알려져 있다. 마야 왕비는 싯다르타를 낳고 7일 만에 산욕열로 죽자 마야부인의 여동생, 즉 처제인 마하파자파티과 재혼하였다.

정반왕이 "원하는 모든 것을 들어주겠다." 하여도, 싯다르타가 "늙지 않는 것, 병들지 않는 것, 사람과 헤어지지 않는 것, 죽음에서 해방되는 것"을 요구하자 "그것은 왕의 힘으로도 들어줄 수 없다." 며 탄식하고, 대신 출가를 하더라도 대를 이을 아들 하나만 낳아달라고 부탁했다. 이렇게 해서 태어난 것이 라훌라였다.

석가모니가 정각에 이르러 카필라성에 돌아와 설법을 하자 카필라성의 왕족들이 대부분 출가해 버렸는데, 그 가운데는 석가모니의 아내였던 야쇼다라 공주, 석가모니의 아들 라훌라, 석가모니의 이복동생인 왕자도 있었기 때문에, 자손이 모두 출가해버린 상황 앞에서 정반왕은 매우 슬퍼하였다. 부왕의 부탁으로 석가모니는 앞으로 부모의 허락 없이는 출가하지 못하도록 계율을 정했다.

마야부인(摩耶夫人) 수투파

고타마 싯다르타의 어머니를 기념
해 세운 탑이다. 마야부인은 룸비니
동산의 무우수(無憂樹) 아래서 부처
님을 낳았다. 석가족 호족의 딸로서
정반왕의 왕비가 되었다. 전생담에
따르면 부처님은 도솔천에서 내려
와 마야부인에게 흰 코끼리로 현몽

하여 오른쪽 옆구리에서 태내로 들어갔다고 한다. 출산하기 위하여 친
정으로 가던 중, 룸비니라는 동산에 이르러 무우수(無憂樹)에 오른팔을
뻗어 나뭇가지를 잡는 순간, 석가가 오른쪽 겨드랑이 밑을 뚫고 탄생하
였다고 한다. 마야부인은 싯다르타 출산 후 7일 만에 타계했다.

성인이 나신 땅에서 배우는 교리

사성(카스트)제도

고대 인도의 세습적 계급제도이다. 곧 바라문· 크샤트리아· 비이샤· 수드라의 네 계급이다.

바라문은 종교· 문학· 전례(典禮)를 직업으로 하는 최고 승려계급이며, 크샤트리아는 바라문 다음 가는 지위로 무력으로 서민을 거느리고 정치를 하는 왕족· 군인 계급이다. 바이샤는 크샤트리아 밑에서 상공업에 종사하는 계급이며, 수다라는 최하위의 계급으로서 농업· 도살(屠殺) 등 천한 직업에 종사하는 천민계급이다.

업(業, 카르마)

선악의 행으로 말미암은 과보(果報). 업(業), 업보(業報), 업력(業力), 응보(應報), 카르마(산스크리트어)는 인도계 종교에서의 인과 개념이다. 본래 행위를 뜻하는 말로서 인과(因果)의 인연 관계에 놓이는 것이며 단독적으로 존재하지 않는다. 현재의 행위는 그 이전의 행위의 결과로 생기는 것이며, 그것은 또한 미래의 행위에 대한 원인으로 작용한다. 업은 생각이나 말· 행동으로 지은 원인, 업보는 그런 원인으로 말미암아 받는 결과를 뜻한다.

윤회(輪廻)

생명이 있는 것, 곧 중생은 죽어도 다시 태어나 생이 반복된다고 하는 사상이다. 동·서양의 문화권에서 익숙하게 볼 수 있는 관념이다. 불교적으로는 수레바퀴가 돌고 돌아 끝이 없는 것과 같이 중생이 지은바 업력에 따라 생사의 수레바퀴를 돌고 돈다는 의미이다.

불교에서는 육도윤회로 지옥·아귀(餓鬼)·축생(畜生)·아수라(阿修羅)·인간·천도(天道)를 말한다. 육도 중 어느 세계에 태어나느냐 하는 것은 우리 자신의 행위와 그 결과인 업에 따라 결정되며, 선업에 따라 선의 세계에, 악업에 따라 악의 세계에 태어난다고 한다.

선혜(善慧)보살

과거세에 석가모니 부처님은 선혜 보살(동자)라 불렸다. 선혜 보살은 연등불이 오시는 길이 질어서 걷기 힘든 것을 보고 자신이 입은 사슴 가죽을 땅에 깔았고, 가죽이 모자란 부분에 자신의 머리카락을 다시 깔아 부처님이 지나가게 할 정도로 신성을 바치며 공부했다. 연등불에게 "미래에 사바세계에서 부처가 되어 모든 중생을 교화할 것이고, 석가모니라고 불릴 것이다"라고 수기를 받았다.

선혜 보살이 연등부처님께 꽃을 공양하고 싶었는데 마침 꽃이 없어서, 구리선녀에게서 꽃을 얻게 되었다. 그때 그 여성이 꽃값 대신 다음 생에 선혜 보살의 아내가 되기를 원한다고 했고, 선혜 보살이 이를 받아들여서, 부처님의 부인인 야소라다가 되었다는 설화가 있다.

연등불(燃燈佛)

불교에서 과거불로, 석가모니의 전생에 수기를 준 부처이다. 연등불은 과거불로 석가모니에게 장차 부처가 될 것이라고 수기를 해준 부처로써『금강경』에 나온다. 과거불은 연등불, 현재불은 석가모니, 미래불은 미륵불이다. 제화갈라보살은 연등불이 성불하기 전에 보살일때의 이름이다.

과거세에 유동보살로서 보살계를 닦고 있을 때 석가모니는 스스로 부처가 되겠다는 서원을 세웠다. 그러던 중 어느 날 연등불이 오신다는 소식을 듣고는 길가에서 기다리다가 7송이의 연꽃을 부처에게 공양하였다. 연등불은 미소로써 이를 받으시고는 '너는 미래세에 석가모니불이라는 부처가 될 것이다'라는 수기를 주셨다.

『본생경(本生經, 자타카)』

석가모니가 이 세상에 출현, 성불(成佛)하여 부처가 되기 이전, 즉 전생에 보살로서 수행한 일과 공덕을 이야기로 구성한 경전이다. 석가모니 교설가운데 하나로, 그 경문의 성질이나 형식에 따라 크게 12부로 나누었는데, 이를 12부경 또는 12분교라고 한다. 부처님의 전생 이야기를 담은 경으로 인류의 스승인 부처님이 한때는 원숭이 이기도 했고, 또 한때는 코끼리였으며 사슴, 앵무새였다.『본생경』에는 547가지의 부처님 전생 이야기가 22장으로 실려 있다.

수많은 이야기에서 부처님은 동물이기도 하고, 사람이기도 하는 등 모습은 다르지만 한결같이 선(善)를 행하고 깨달음을 구하는 보살로 등장한다. 위로는 진리를 구하고 아래로는 중생을 제도하는 부처님의 가르침이 이야기 속에 생생하게 살아 숨 쉬고 있는 것이다. 또 한 가지『본생경』의 특징은 권선징악의 교훈이 담겨 있다. 부처님 가르침의 기본은 콩 심은데 콩 나고 팥 심은데 팥 난다는 선인선과 악인악과의 이치이다. 인과를 믿는 것은 현재를 올바르게 사는 바탕이 된다는 점에서『본생경』은 부처님 가르침의 근본을 드러내는 동시에 지금 당장 우리가 어떻게 살아야 하는지에 대한 길잡이 역할에도 손색이 없다.

고타마 싯다르타

불교를 창시한 인도의 성자(聖者)로 성은 고타마, 이름은 싯다르타이다. 깨닫기 전의 부처님 이름이다. 후에 깨달음을 얻어 붓다(佛陀)라 불리게 되었다. 또한 사찰이나 신도 사이에서는 진리의 체현자(體現者)라는 의미의 여래(如來), 존칭으로서의 세존(世尊)·석존(釋尊) 등으로도 불린다. 석가모니는 집을 떠나서 깨달음을 얻기 전에는 '고타마 싯다르타'라는 이름의 왕자였다. 나중에 얻은 이름인 석가모니는 '석가족의 존경받고 깨달은 사람'이라는 뜻이다.

도솔천(兜率天)

도솔천은 불교의 세계관에서 천상의 욕계(慾界) 중 네 번째 하늘나라다. 도솔천은 수미산 정상에서 12만 유순 떨어진 곳에 위치하고 있다. 도솔천은 내원과 외원으로 나뉜다. 내원은 내원궁(內院宮)이라고도 하며, 석가모니가 남섬부주(南贍部洲, 인간세계)에 내려오기 전에 머물던 곳으로, 현재는 미륵보살이 지상에 내려갈 때를 기다리며 머무르고 있는 곳이다. 외원은 여러 천인들이 모여 행복과 쾌락을 누리는 곳이다.

욕계육천(欲界六天)

삼계(三界) 가운데에 욕계에 딸린 여섯 종의 하늘을 말한다. 사왕천·도리천·야마천·도솔천·화락천·타화자재천 등이다. 사왕천은 사천왕과 그 권속들이 사는 곳이다. 수미산 중턱의 동쪽에 있는 지국천, 남쪽에 있는 증장천, 서쪽에 있는 광목천, 북쪽에 있는 다문천을 일컫는다. 도리천은 33신들이 사는 곳이다. 수미산 정상에 있으며, 중앙에 왕인 제석이 있고 사방의 봉우리에 각각 8신이 있어 33신이 있다. 야마천은 신들은 때때로 즐거움을 누린다고 한다. 도솔천은 내원과 외원이 있는데, 내원에는 미륵보살이 수행중이고 외원에는 신들이 흡족해 하면서 살고 있다. 그 보살은 먼 미래에 이 세계에 다시 태어나 화림원의 용화수 아래에서 성불하여 미륵불이 된다. 화락천은 이곳에 있는 신들은 바라는 대상을 스스로 만들어 놓고 즐긴다고 한다. 타화자재천은 이곳에 있는 신들은 바라는 대상을 스스로 만들어 놓고 즐길 뿐만 아니라 다른 신들이 만들어낸 대상도 자유롭게 즐긴다.

육계(六界, 육도)

불교에서 깨달음을 얻지 못한 무지한 중생이 윤회 전생하게 되는 6가지 세계 또는 경계를 말한다. 욕계는 탐욕이 많아 정신이 흐리고 거칠며, 순전히 물질에 속박되어 가장 어리석게 살아가는 중생들로 구성되어 있다. 욕계는 관능과 감각의 세계이다. 욕계에 속하는 세계로는 지옥·아귀·축생·아수라·인간세계·천(天)의 세계로 나뉘는 6도(六道)가 있다. 망자가 죽어서 가게 되는 곳 중에 가장 좋지 못한 곳인 삼악도(三惡道)는 지옥도, 아귀도, 축생도이며 삼선도(三善道)는 아수라도 인간도, 천상도의 여섯 갈래로 갈라져 있다. 이것을 육도라고 하며 여기에 삼계인 욕계, 색계, 무색계가 더하여 삼계육도라고 부른다.

칠보(七步, 일곱걸음)

룸비니 동산에서 막 현생의 삶을 시작한 아기 부처님도 오래전부터 일곱 가지 수행덕목을 부지런히 닦아왔고, 이번 생에도 보리수 아래에서 성불할 때까지 일곱 가지 수행덕목을 열심히 닦겠다는 의지를 일곱 걸음으로 드러낸 것이다.

첫 번째 걸음은 기억, 생각이라는 뜻을 가진 염(念, 알아차림)이다. 두 번째 걸음은 선택(擇法)이다. 세 번째 걸음은 정진(精進)이다. 네 번째 걸음은 기쁨(喜)이다. 다섯 번째 걸음은 가뿐함(輕安)이다. 이 가뿐함은 몸의 기쁨이다. 여섯 번째 걸음은 집중(定)이다. 일곱 번째 걸음은 담담함(捨)이다

부처님은 바로 이런 일곱 가지 덕목을 키운 분이다. 룸비니 동산에서 아기 부처님은 일곱 걸음을 걸음은 알아차림-선택-정진-기쁨-가뿐함-집중-담담함을 나타낸 것이다 .

무우수(無憂樹, 아소카나무)

'근심이 없다'라는 의미를 지닌 이 나무는 부처님의 어머니 마야 왕비가 아이를 낳기 위해 친정으로 가던 중, 소복하게 핀 자줏빛 꽃의 아름다움에 홀려 이 나무를 잡게 되고 그 순간 산기를 느끼고 이 나무 밑에서 부처님이 탄생했다고 전해진다.

인도인들은 이 나무를 아소카나무라고 부르며 사랑에 빠져 있는 처녀의 소원을 들어주고, 일생에 걸쳐 행복을 상징하는 나무로 알려져 있다. 불교도들은 석가모니가 태어난 이 나무를 신성시한다. 아기 부처가 룸

비니의 이 나무 아래에서 마야 왕비의 겨드랑이 밑에서 출생했다는 전설로 유명한 나무이다. 과거 칠불의 하나인 비바시불은 이 아소카나무 밑에서 깨달음을 얻었다고 전해진다.

석가족(釋迦族)

석가모니가 태어남으로 알려진 고대 북인도의 부족이다. 인도에서는 샤카족이라고 한다. 히말라야산의 인도·네팔 국경지대에 거점을 두었다. 부족공화제의 정치조직을 가지며, 수장과 부족민의 대표가 집회당에 모여서 정책을 결정했다.

서쪽의 코살라 왕국에 복종하였는데, 석가모니의 말년 무렵에 이 강국에게 멸망되었다. 전설에 의하면 코살라국 파사익왕이 석가족의 딸을 왕자의 비(妃)로 맞이하고자 하였을 때, 교만한 석가족은 노예의 여자에게서 태어난 딸을 대신 주었다. 그 비에서 태어난 비두다바는 이에 한을 품고, 즉위 후 카필라성을 공격해서 석가족을 전멸시켰다.

콜리야족

콜리야족는 북동부의 고대 인도 아리아인 부족이다. 부처님의 생애 동안 두 국가 사이의 경계를 형성하고 농작물에 관개하기 위해 물이 필요한 로히니강의 물에 대해 석가족과 콜리야족에 대항하는 무장 불화가 있었으며, 부처님의 개입으로 마침내 이러한 적대 행위가 종식되었다.

전륜성왕(轉輪聖王)

인도 신화에서 통치의 수레바퀴를 굴려, 세계를 통일·지배하는 이상적인 제왕을 말한다. 정의·정법(正法)으로써 전륜왕 또는 윤왕이라고도 약칭한다. 불교에서는 중요한 의미를 지닌 존재로 되어 32상(相 : 신체의 특징)·7보(寶)를 갖추고, 무력에 의하지 않고 정법으로 수미산의 사방에 있는 대륙을 다스리는 왕으로, 하늘로부터 받은 윤보(輪寶)를 굴려 모든 장애를 물리친다고 한다.

불교에서는 특히 중요한 의미를 갖고 있다. 전륜왕에는 금륜·은륜·동륜·철륜의 네 왕이 있다. 일설에 의하면 인간의 수명이 2만세에 도달할 때 먼저 철륜왕이 출현하여 일천하의 왕이 되고, 8만 세에 도달할 때 금륜왕이 출현하여 사천하를 다스린다고 한다. 전통적으로 아소카왕을 세속의 전륜왕이라고 한다. 전륜성왕·전륜성제·비행황제 등 여러 가지 이름이 있다. 수미산을 중심으로 흩어져 있는 남섬부주를 비롯한 네 개의 섬을 정법으로 통솔한다. 전통적으로 마우리아 왕조의 아소카왕을 세속의 전륜성왕이라고도 말한다.

마하파제파티

불교 교단 최초의 비구니이다. 카필라성 정반왕의 두 번째 왕비로, 왕이 세상을 떠나자 싯다르타의 아내 야쇼다라와 함께 출가하여 비구니가 되었다.

싯다르타의 생모 마야 왕비의 동생이며, 싯다르타와 같은 석가족 출신으로 언니 마야부인과 함께 카필라성의 정반왕에게 시집갔는데, 왕비가 싯다르타를 낳고 일주일 만에 죽자, 싯다르타를 맡아 친자식처럼 길렀다. 정반왕과의 사이에서는 아들 난타(難陀)를 낳았으며, 부처님을 매우 존경하고 사랑하여 싯다르타가 출가하자 누구보다도 슬퍼하였다. 부처님을 찾아가 출가를 허락해 줄 것을 세 번이나 간청했으나 거절당하였다. 이후 부처님이 석가족의 나라를 떠나 유행할 때 마하파제파티

선묵혜자 스님과 함께 부처님 성지에서 배우는 불교 上

는 석가족 여인 500명과 함께 스스로 머리를 깎고 가사를 입고 뒤를 쫓아갔다. 그 후 바이샬리에 이르렀을 때, 아난이 어렵게 허락을 받아 부처님께서 여성의 출가를 허락하시면서 교단의 규율을 위하여 경계해야 할 8가지 계율 팔경법(八敬法)을 주었다.

이리하여 불교 교단 최초의 비구니가 된 마하파제파티는 나이가 많았음에도 항상 계율을 지켜 다른 비구니들의 모범이 되었다 한다.

야소다라

이름의 뜻은 '소문이 널리 퍼졌다.'라는 뜻으로, 석가모니가 출가하기 전 왕자 시절에 맞이한 부인이다. 싯다르타 태자와 야소다라 비와의 결혼 과정에 대해서는 서로 다른 두 가지 기록이 있다. 하나는 태자 쪽에서 간택을 공고한 후 싯다르타 태자와 슈도다나 왕 쪽에서 야소다라를 태자비로 결정했다는 것이다. 다른 하나는 야소다라 쪽에서 무술대회를 개최해 싯다르타 태자를 결혼 상대자로 결정했다는 경우이다.

야소다라의 미모와 품성은 주변에 이미 소문이 나 있으므로 정반왕이 야소다라를 태자비로 맞이하고자 했을 즈음에는 주변 8개 나라의 왕들 역시 아들들을 위해 결혼을 신청한 뒤였다. 그러므로 정반왕의 청에 화답을 못하고 돌아온 선각왕은 곤혹스러운 나머지 음식도 먹지 못할 만큼 몹시 근심을 했다. 왕가의 결혼은 정략적인 의미가 강했으므로 선각왕 스스로 어느 나라를 선택해 혼인을 맺는 것은 간단한 문제가 아니었다. 만약 그 중 한나라와 혼인 관계를 했으면 나머지 나라들은 무시당했다고 여길 것이기 때문이다. 그러자 총명한 야소다라는 아버지의 고민을 해결할 좋은 방법을 생각해 냈다. 무술대회를 개최해 가장 뛰어난 사람을 남편으로 선택하는 것이다. 싯다르타는 이 무술대회에 참가해 뛰어난 실력으로 다른 경쟁자를 제치고 우승해 야소다라를 아내로 삼게 된 것이다.

아난다(阿難陀)

부처님의 10대 제자 중 한 사람으로 부처님 곁에서 그의 말을 가장 많이 들었으므로, '다문제일(多聞第一)'이라 불린다. 경의 편찬에 참여하여 후대에 전해지도록 한 것이 그의 가장 큰 업적이다. 줄여 아난이라고도 한다.

아난다라는 인도말은 환희·기쁨을 뜻한다. 아난은 석가모니의 사촌 동생이다. 아난다는 용모가 출중하였는데, 이것이 출가 후 아난다가 많은 부녀자로부터 유혹을 당하는 원인이 되기도 했다. 석가모니가 성도 후 귀향하였을 때, 난타·아나율 등과 함께 그를 따라 출가하였다고 하는데, 대중들의 천거에 의하여 아난다가 20여 년간 시자를 맡아 가까이서 석가모니 부처님을 모시면서 말을 가장 많이 들었다.

그가 남긴 업적으로는 석가모니 부처님의 이모 마하파자파티가 출가를 청했을 때 부처님에게 여성의 출가를 세 번이나 간청하여 허락을 받았다. 그녀의 출가를 성사시킨 일이 특기할 만한 것이다. 부처님이 열반에 들 때 곁에서 지켜보았으며, 열반 후 마하가섭의 지휘 아래 이루어진 경(經)의 편찬, 즉 결집(結集)에 참가하여 지대한 업적을 남겼다. 경을 결집할 때 아난이 기억을 더듬어 가며 "이렇게 나는 들었다. 어느 때 붓다께서는……"이라는 말을 시작으로 암송하면, 여러 비구는 아난의 기억이 맞는지를 확인하여 잘못이 있으면 정정한 후, 모두 함께 암송함으로써 경장(經藏)이 결집 되었다.

라훌라

라훌라는 석가모니 부처님의 친자식이자 제자 가운데 한 명이다. 십대 제자 가운데 한 명으로 꼽혀 밀행제일(密行第一)이라고 칭한다. 싯다르타 아내인 야소다라 왕비가 출가 전에 낳은 아이다. 태자 싯다르타가 출가 직전 아내가 아들을 낳았다는 소식을 듣게 되었을 때, 싯다르타 태자는 "아, 라훌라!"라고 말하였다. 이렇게 하여 갓 태어난 아들은 라훌라 즉 '장애'라는 이름을 얻게 되었다. 남의 눈에 띄지 않는 가운데도 인욕(忍辱)과 계율 준수를 철저히 해 '밀행제일이라는 칭호를 받았다. 부처님께서 성도 후 고국 카필라성으로 돌아왔을 때에 라훌라를 출가시켰다. 불교사에서 최초의 사미(沙彌)가 되었다.

찬타카

싯다르타는 29세에 한밤중에 애마 칸타카를 타고 마부 찬타카를 데리고 성을 넘어 머리를 자르고 마부와 애마를 성으로 돌려보내고 출가하였다. 그리고 칸타카를 몰았던 마부는 찬타카 혹은 찬나라고 한다. 이때 싯다르타는 찬타카에게 말했다.

"찬타카여! 이 강의 이름이 무엇인가?" "아노마입니다" "나의 출가도 아노마가 되리라. 나는 하늘에 태어나기를 원치 않는다. 많은 중생이 삶과 죽음의 고통 속에 있지 아니한가. 나는 이를 구제하기 위하여 집을 나가는 것이니 위 없는 깨달음을 얻기 전에는 절대 돌아오지 않으리라. 또한 안팎의 모든 권속이 나에게 은혜와 애정이 있을 터이니 너의 뜻으로써 잘 이해를 시켜야 하리라."

마부 찬타카를 불러 나의 장신구를 부왕에게 가지고 가서 출가를 하였노라고 알리라고 하였다. 그러나 찬타카도 왕자 옆에서 계속 시중들기를 요청하자. 태자는 "이 몸이 아무리 건강하여도 병이 들면 꺾이고, 기운이 왕성(旺盛)해도 늙음이 오면 쇠(衰)하고, 죽으면 살아서 이별하거늘 어찌하여 세간을 즐기겠느냐."고 말씀하시며 마부 찬타카를 돌려보내고 값비싼 옷을 벗어 사냥꾼의 낡은 옷과 바꾸어 입고 스스로 머리와 수염을 깎은 뒤 7일간 아노마강가 아누피아 망고 숲에서 머물렀다.

칸타카

칸타카는 고타마 싯다르타가 즐겨 탔던 애마(愛馬)로 순백의 백마였다. 싯다르타가 카필라성 4대문 밖에서 늙음, 병듦, 죽음과 수행자를 보았을 때에도 마차를 끌었다. 또한 야밤에 싯다르타가 출타할 때에도 칸타카를 타고 나섰다. 싯다르타를 아노마강가에 내려주고 헤어졌는데, 칸타카는 슬픔에 죽음을 맞이하지만, 다시 태어나 부처님의 법문에 참석해 깨달음을 얻었다고 한다.

싯다르타의 뜻을 꺾지 못한 시종 찬타카는 모두가 잠든 밤에 칸타카에 안장을 얹고 주인을 태워 성 밖으로 나온다. 아노마강을 건너자 싯다르타는 찬타카에게 돌아갈 것을 명령하고, 찬타카는 칸타카를 타고 성에 돌아온다. 칸타카 역시 주인이 떠난 후 크게 상심하여 시름시름 앓다가 죽었다고 한다.

구룡토수(九龍吐水)

부처님께서 처음 탄생하실 때 연못에 있던 아홉 마리 용이 물을 뿜어 태자의 몸을 씻어 목욕을 시켰다고 한다. 이것을 구룡토수(九龍吐水)라 한다.

부처님 오신 날이 되면 각 사찰에서 부처님을 목욕시켜 드린다는 뜻으로 관욕(灌浴)이란 행사를 통해 아기 불상에 물을 올리는 퍼포먼스가 행해지고 있다. 부처님이 탄생하였을 때, 아홉 마리의 용이 나타나, 오색의 향기 나는 물로 아기 부처의 몸을 씻어 주었다는 설화에 근거하는 관욕 의식은 이 물로 모든 탐욕의 때를 씻어내고 깨끗한 지혜가 드러나게 하여, 청정한 부처의 길을 가고자 하는 간절한 마음을 상징하고 있다.

법현(法顯)

동진 때의 승려. 3살 때 출가하여 20살 때 구족계를 받았다. 승단의 규모와 경율이 쇠퇴한 것에 개탄하여 동학 혜경, 도정, 혜응, 혜외 스님 등과 함께 장안을 떠나 천축(天竺)에 가서 구법했는데, 나이 60살 경이었다. 이후 10여 년 동안 30여 개 나라를 지나 많은 범본불경을 가지고 돌아왔다. 그 노정은 장안과 돈황, 우전을 거쳐 중인도에 도착해 불적을 답사한 뒤 3년 동안 화씨성에서 공부하고 2년 동안 항하(恒河) 하류 가이각답(加爾各答) 부근에서 공부한 다음 귀국했다

귀국한 뒤 도량사에서 불타발타라와 함께 『마하승기율』과 『대반니항경』, 『잡장경』, 『잡아비담심론』을 번역했다. 또 장기간의 여행 동안 견문한 내용을 기록하여 『불국기』 또는 『고승법현전』를 지었는데, 당시 인도와 중앙아시아 지방의 실정이 상세하게 기재되어 있어 문헌적으로 높은 가치를 지니고 있다.

현장(玄奘)

중국 당나라의 고승으로 인도로 떠나 나란다 사원에 들어가 계현(戒賢) 장로 밑에서 불교 연구에 힘썼다. 당나라 초기 고승이자 번역가이며, 흔히 현장삼장(玄奘三藏)으로 불린다. 10세 때 형을 따라 낙양의 정토사에

서 불경을 공부했고, 13세 때 승적에 이름을 올려 현장이라는 법명을 얻었다. 그를 부르는 또 다른 명칭은 삼장법사인데, 삼장(三藏)이란 명칭은 경장·율장·논장에 능해서 생긴 별칭이다.

현장 스님은 당시의 한문 불교 경전의 내용과 계율에 대한 의문점을 팔리어와 산스크리트어 원전에 의거하여 연구하려고 627년에 인도로 떠났으며 641년 많은 경전과 불상을 가지고 귀국길에 올라, 힌두쿠시와 파미르의 두 험로를 넘어 호탄을 거쳐서 645년 정월에 왕과 대신들의 대환영을 받으며 장안으로 돌아왔다.

그는 귀국 후 사망할 때까지 만 19년에 걸쳐 자신이 가지고 돌아온 불교 경전의 한문 번역에 종사하여 74부 1,335권의 경전을 한역했다. 그 번역은 원문에 충실하며 당시 번역법이나 번역어에 커다란 개혁을 가져왔다. 이 때문에 종래 번역을 구역(舊譯)이라 부르고, 현장 이후 번역을 신역(新譯)이라고 부른다. 현장은 중국 불교의 법상종·구사종(俱舍宗)의 개조이다.

또 그는 자신의 인도 여행의 견문기를『대당서역기』(12권)에 통합 정리하여 태종에게 진상하였다. 이 책은 당시 인도나 중앙아시아(서역)를 알기 위한 제1급의 사료다. 또한 문학적으로는 현장의 천축 여행을 모티브로 하여 명나라 시대에『서유기』라는 소설이 생겼다.

혜초(慧超)

혜초(慧超) 스님은 신라 성덕왕 때의 고승으로, 스님의 인도기행문인『왕오천축국전』이 동서교섭사 연구에 귀중한 사료로 평가되고 있다.

일찍이 당나라에 건너가 남인도의 밀교승 금강지에게 불도를 배웠다. 바닷길로 인도에 이르러 모든 성지을 순례하고, 오천축국(五天竺國) 등

40여 개국을 거쳐 727년 당나라 장안에 돌아왔다. 여기서 기행문인『왕오천축국전』3권을 지었으나 전하지 않았는데 1906년에서 1909년 사이에 프랑스의 학자 폴 펠리오가 중국 간쑤성 지방을 탐사하다가 둔황 석굴에서 구매한 앞뒤가 떨어진 책 2권을 발견함으로써 세계적으로 사학(史學) 연구에 좋은 자료가 되었다.

백상(白象, 흰코끼리)

불교에서 위용과 덕를 상징하는 동물이다. 불교에서 모든 힘의 원천을 상징하는 동물이다. 경전과 설화 등 여러 곳에 등장한다. 마야 왕비가 부처님을 잉태할 때 자신의 배 안으로 여섯 개의 상아를 가진 흰 코끼리가 등장하기도 하고『아함경』에서는 대승보살을 비유한다. 또 전륜성왕이 가지고 있는 칠보 중 하나이기도 하다. 불교 용어에도 등장해 용상(龍象)은 고승을 뜻하고, 용상방(龍象榜)은 불사를 할 때 각자의 임무를 적은 것을 말한다.

이렇게 흰 코끼리가 불교에 자주 등장하는 것은 고대 인도에서 이 동물을 모든 생명의 근원으로 여겼기 때문이다. 특히 비를 내려 만물을 소생시킨다고 믿어졌으며, 이러한 역할이 불교에 수용되면서 위용과 덕을 상징하게 되었다.

탄생게(誕生偈)

석가모니 부처님의 탄생 설화에는 태자가 탄생한 직후 사방으로 일곱 걸음씩을 걸은 다음, 오른손과 왼손으로 각각 하늘과 땅을 가리키며 사자후를 외치며 선언한 유명한 말을 '탄생게(誕生偈)'라고 한다.

천상천하 유아독존 삼계개고 아당안지(天上天下 唯我獨尊 三界皆苦 我當安

之) "하늘 위와 하늘 아래에 오직 나 홀로 존귀하다. 온 세상이 모두 괴로움에 잠겨 있으니 내 마땅히 이를 편안하게 하리라"

'천상천하 유아독존'이란 말씀은 절대 교만에 가득 찬 말씀이 아니라, 삼계에서 고통받는 일체중생을 자신의 힘으로 반드시 평안케 하겠다는 가장 확신에 차고 자신감 넘치는 선언이다. 부처님과 비견할 수 있을 만큼 위대한 분은 어디에도 없으며, 부처님이 이 세상에 오신 것은 오직 세상 사람들을 온갖 괴로움으로부터 건지기 위해서라는 것을 알 수 있다. 이 게송은 고통의 바다에서 헤매고 있는 눈먼 중생들을 위하여 걸림 없이 편안하게 살아갈 수 있는 삶을 제시하겠다는 선언인 것이다. 또한 이 말씀은 누구나 부처님을 이룰 수 있다는 인간의 존엄성과 평등을 선포하신 희망의 메시지인 것이다. '탄생게'는 이 세상 모든 존재 가운데 가장 고귀한 것은 오직 '자기 자신'뿐이라는 인간의 존엄성에 관한 '일대 선언'이라 할 수 있겠다.

사천왕(四天王)

수미산 정상의 중앙부에 있는 제석천을 섬기며, 불법뿐 아니라, 불법에 귀의하는 사람들을 수호하는 호법신이다. 동쪽의 지국천왕, 서쪽의 광목천왕, 남쪽의 증장천왕, 북쪽의 다문천왕을 말한다.

그 부하로는 견수·지만·항교가 있는데, 이들은 수미산의 아래쪽에 있다. 또한 사천왕은 이들 외에도 수미산을 둘러싸고 있는 지쌍산(持雙山) 등 일곱 겹의 산맥과 태양·달 등도 지배하고 있다.

호명보살(護明菩薩)

석가모니불이 보살로 도솔천 내원궁에 머물렀을 때 부르던 이름이다.

깨달음의 길로 가고자 하는 중생을 보호하고 그 길을 밝게 밝혀주므로 호명(護明)이라는 이름을 얻었다. 이렇게 부처가 되기 바로 전의 보살을 일생보처보살(一生補處菩薩)이라고 하며 현재 비어 있는 부처의 자리를 메운다는 뜻을 지닌다.

호명보살이 도솔천에 태어나는 이유는 이보다 낮은 천(天)인 사왕천이나 도리천·야마천 등에 태어나면 게으름과 욕정이 어느 정도 남아 있어 완전한 부처가 되기 어렵고, 이보다 높은 위치의 천인 화락천이나 타화자재천에 태어나면 고요한 선정만을 즐겨 중생을 구제하려는 마음이 일어나지 않기 때문이다.

8만 4천 탑

인도를 최초로 통일한 마우리아 왕조의 아소카왕이 기존에 있던 불탑을 수리하면서 나온 사리로 인도 전역에 세웠다는 탑이다. 그러나 실제로 8만 4천 개의 탑을 세웠다기보다는 무수히 많은 탑을 세웠다는 내용으로 이해된다.

불교에는 8만 4천이란 숫자가 많이 사용된다. '팔만대장경', '팔만사천법문', '팔만사천고뇌', '팔만사천세행', '팔만사천 석주'. 이렇게 팔만 사천의 수가 많이 사용되고 있다. 사리가운데 석가모니를 화장하여 나온 것을 진신사리라고 부른다. 불경에 따르면 석가모니를 화장하자 사리가 8섬 4말이나 나왔다고 한다.

석가모니 부처님이 열반에 들고 2~3백 년 남짓 지나 아소카왕이 인도를 통일한 뒤 불교에 귀의하자, 근본 8탑 중 한기만 제외하고 나머지 탑들을 해체하여 사리를 꺼내 인도 각지에 진신사리를 담은 불탑 8만 4천기를 세웠다. 또한 부처님의 법문은 8만 4천 법문이라고 한다. 이는 많음의 상투적인 표현이다.

코살라국

코살라국은 고대 인도의 16대국 국가이다. 코살라는 기원전 10세기경 아와드 지역을 기반으로 형성되었다. 기원전 6세기경 코살라국은 16대국의 하나였는데, 결국 남쪽의 카시국을 병합해서 남동방의 대국 마가다와 갠지스강 중류역의 패권을 놓고 싸우게 되었다.

부처님이 포교 활동을 하였을 때, 이 나라는 파사익왕의 치하였다. 왕의 누이가 마가다국의 빔비사라왕의 비였기 때문에 양국의 관계는 양호하였다. 마가다국에 아자타삿투가 왕에 오르자 양국은 국경 부근의 영지를 둘러싸고 싸움을 일으켰다. 그리고 장기전 중 파사익왕의 아들 비두다바의 시대에 마가다국에게 멸망되었다. 파사익왕은 불교신자로도 알려져 있으며, 부처님은 자주 수도인 슈라바스티를 방문하였다. 대상인 급고독장자가 기부한 기원정사가 세워진 것도 이 수도이다. 부처님이 태어난 석가족은 코살라국의 속국이었는데, 부처님의 말년에 비두다바 왕에 의해서 완전히 멸망하였다.

육법공양

공양의 의미는 부처님의 가르침에 귀의하여 감사하고 겸손한 마음으로 불법승 삼보께 올리는 청정한 모든 것을 공양이라고 한다. 공양은 탐욕에 가려져 있는 본래의 자기를 회복하는 수행이자 이웃을 향한 끝없는 자비의 보살행이며 우리에게 가장 가까운 성불의 길이다.

육법공양은 1. 향 (해탈향, 해탈을 상징) 2. 등·초 (반야광명, 지혜를 상징) 3. 꽃 (만행화, 육바라밀의 만 가지 행을 상징) 4. 과일 (보리과, 깨달음을 상징) 5.

차 (감로다, 열반을 상징) 6. 쌀 (선열미, 기쁨을 상징) 등 여섯 가지 공양물을 부처님께 공양 올리는 것으로, 그 공덕을 시방삼세 일체중생에게 회향하여 모두 함께 해탈하기를 간절히 발원하는 의식이다

백호상(白毫相)

모든 부처님이 지니고 있는 신체적 특징인 32길상 중의 하나로 색광(色光)이라고 부른다. 백호상은 두 눈썹 사이에 흰 털로, 오른쪽으로 말려서 붙어 있고 길이는 1장(丈) 5척(尺)이나 되는데 거기서 빛(광명)을 발한다고 한다.

경전을 읽다 보면 '백호상(白毫相)'이란 단어를 곧잘 만나게 되는데 이것이 무엇일까? 이를 글자 그대로 해석하자면, 흰 백(白)에 가는 털 호(毫), 서로 상(相)자이므로 희지만 아주 가는 털 모양이라는 뜻이다. 경문에서는 상(相) 자가 모양·상태 등을 뜻하는 의미로 쓰여 왔다.

『광홍명집』에서는 부처님의 공덕 들어있는 곳이라고도 한다. 그런데 그 광명이란 것이 어둠을 비추는 빛이되 단순한 빛이 아니라 여래의 자유자재 함을 드러내 보이고, 수 없는 보살 대중을 깨우치며, 일체 시방의 세계들을 진동시키며, 모든 나쁜 길의 고통을 없애고, 모든 마군의 궁전을 가리며, 모든 부처님 여래께서 보리좌에 앉아서 바른 깨달음을 이루는 일과 모든 도량에 모인 대중을 나타내시고, 특정 보살의 정수리로 들어가기도 한다.

그런데 그 광명이 정수리로 들어간 사람은 부처님이 된 것처럼 부처님 불법 세계 곧 지혜로 정통하게 된다. 그렇다면, 백호상이란 부처님만이 가진 지혜의 원천이며, 그것으로 중생을 깨우치게 하는 직접적인 수단이며, 부처님을 부처님답게 하는 내외적 형질이다.

만(卍)자

석가모니 부처님이 창시한 불교가 여러 나라로 전파되면서 만(卍)자 또한 전해졌다. 불교에서 만(卍)자는 부처를 상징하며 주로 불상의 가슴에 새겨져 있지만 이마, 머리, 손과 발바닥 등에도 있다. 또한 부처님의 몸에 여러 개의 만자가 있기도 하는데 그 숫자는 경지를 나타내며 숫자가 많으면 많을수록 경지가 더 높은 부처로 여긴다.

아미타불의 가슴에 卍(만)자가 있다. 사찰에 가면 卍자를 많이 볼 수 있다. 이 글씨를 보면 사람들은 절을 연상한다. 불교의 전래와 더불어 사찰 표시로 사용해왔기 때문이다. 그래서 관광지도나 도로 표지판에 절을 표시할 때 卍자를 사용한다. 卍자는 부처님의 가슴이나 손발에도 새겨져 있다. 그런 卍를 우리는 속칭 절 만자라고 한다.

32상(相) 80종호(種好)

부처는 인간과는 다른 형상을 하고 있다는 믿음에서 성립된 것으로 부처님을 조각상으로 나타낼 때 적용되는 부처님만의 형상을 작게는 32가지, 크게는 80가지의 특징으로 나타낸 것이다. 부처님이 몸에 갖추신 뛰어난 묘상(妙相) 혹은 상호(相好)를 32상(相) 80종호(種好)라고 한다.

이러한 부처님의 훌륭한 용모는 우연히 이루어진 것이 아니라, 다겁생에 걸쳐 쌓은 선근과 보살행의 결과로써 나타나며, 이 길상을 갖춘 이는 세속에 있으면, 위대한 전륜성왕이 되고, 출가하면 부처님이 된다고 한다.

32상은 부처님이 가지신 일반인과 구별되는 32가지 길상을 말하며, 이 32상에 따르는 잘생긴 모양이란 뜻으로 32상을 다시 세밀히 나누어 놓은 것을 80종호라 한다. 원래 왕중의 왕인 위대한 전륜성왕과 같은 대장부의 모습이었는데, 이는 부처도 세속의 전륜성왕처럼 법계의 왕과 같은 존재이므로 그러한 독특한 모습을 가질 수 있다는 것이다. 80종호는 부처님의 모습뿐 아니라 성격, 음성, 행동에 대해서도 언급하고 있다

삼시전(三時殿)

싯다르타가 카필라성에 있을 때 더위가 심한 열기(熱氣), 비가 많이 오는 우기(雨期), 추위가 심한 한기(寒氣)에 맞추어 알맞게 시설(施設)을 꾸몄던 궁전을 말한다.

농경 행사가 끝나고 비로소 정반왕은 곁에 싯다르타 태자가 없는 사실을 알았다. 사람을 시켜 사방으로 찾게 하고, 왕 스스로 아들을 찾아 나섰다. 태자는 해가 저무는 줄도 모르고 나무 밑에 앉아서 깊은 사색에 잠겨 있었다.

정반왕의 생각에 언뜻 떠오른 것은 태자가 태어났을 때 아시타 선인이 하던 말이었다. 출가하게 되면 진리를 깨닫는 대성자가 될 것이라는 예언이었다. 꿈에라도 '아들이 출가하는 일이 있어서는 안된다'고 왕은 생각했다. 그러나 성장함에 따라 매사에 사색적이고 생각에 잠기는 버릇이 늘어가는 태자를 보고는 불안해지는 마음을 어쩔 수가 없었다. 그래서 삼시전(三時殿)도 지어 주고 온갖 오락을 즐길 수 있도록 보살펴 주었던 것이다.

난타(難陀)

부처님의 이복동생이다. 고타마 싯다르타의 이모 마하파제파티로부터 출생한 것으로 전해진다. 용모가 빼어나 단정하여 사랑스럽다는 뜻으로 번역한다. 부처님과 많이 닮아 부처님이 오신다고 오인할 정도였는

데 키가 조금 작았다고 한다.

난타는 늘 화려한 옷을 입고 좋은 바루를 가지고 다녔는데 이것이 문제가 됐다. 사람들은 그가 '귀한 가문에서 태어나 버릇없이 자란데다가 부처님의 이복동생이기 때문'이라며 입을 비쭉거렸다. 그에게는 수행중에 적지 않은 유혹도 있었다. 그러나 그 모두를 이겨냈다. 부처님께서는 그를 가르쳐 말씀하시기를 "위력을 갖추고 또한 용모가 단정한 것은 난타다. 무거운 애욕심을 끊고 몸을 잘 통제하며 음식의 분량을 지키고 밤중에도 잠자지 않고 정진하여 청정수행에 조금도 부족한데가 없다. 들뜨지 않고 방일하지 않고 모든 장식을 물리치고 마음을 잘 다스려 정념, 정지로 있는 것은 난타다."하여 칭찬하셨다.

그는 도를 이룬 뒤 악마의 유혹에도 이겨냈고 그의 단정한 용모와 밝은 목소리로 많은 사람을 교화하였다.

아나율(阿那律)

석가의 10대 제자 중 한 사람으로 육안을 못 쓰는 대신 천안(天眼)이 열려 천안제일이라고 불렸다. 경전을 결집할 때 참석하여 일익을 담당하기도 했다. 부처님의 사촌 동생으로, 붓다가 깨달음을 성취한 후 고향에 왔을 때, 아난·난타 등과 함께 출가했다.

석가모니 앞에 앉아서 졸다가 책망을 듣고, 서원을 세워 조금도 자지 않았는데, 그 결과 안질(眼疾)을 얻어, 마침내는 두 눈을 못 보게 되었다. 육안을 못 쓰는 대신, 심안(心眼) 즉 천안(天眼)이 열려 천안제일이라고 불렸다. 심원한 통찰력에서는 그를 따를 사람이 없었기 때문이다. 석가모니 부처님이 입적하던 해 경전을 결집할 때 그 자리에 참석하여 일익을 담당하기도 하였다.

우팔리(優婆離)

 석가모니의 10대 제자 중 한 사람으로 계율을 잘 준수하여 지계제일
(持戒第一)이라 불리었다. 원래는 노예 계급인 수드라 출신으로 석가족
의 궁정의 이발사로 하급계급 출신이다. 부처님이 왕궁에서 불법을 설
하자 여러 왕자가 출가하여 입문해왔다. 우팔리는 아난·난타·아나율
등이 출가할 때 그들의 머리털을 깎아주기 위해 따라 갔다가 그도 입문
이 허용되어 석가모니의 제자가 되었다.

그는 교단의 계율에 널리 통달했을 뿐만 아니라, 계율을 잘 지켰기 때문
에 지계제일이라 불리었다. 붓다가 입멸한 직후, 왕사성 밖의 칠엽굴에
서 행한 제1차 결집 때, 계율에 대한 모든 사항을 암송함으로써 율장(律
藏)의 성립에 크게 기여했다.

깨달음의 땅 보드가야

마하보디 대탑 깨달음을 상징하다 | 전정각산에 오르다 | 끝없는 마왕의 유혹 이겨내다

완벽한 깨달음을 이루다 | 연기법을 깨달으시다 | 중생을 위해 법을 설하소서

7선처(七禪處)에서 선정에 들다 | 성스러운 보드가야 되찾아야 한다

보드가야는 붓다가야, 부다가야라고도 부릅니다. 부처님께서 깨달으신 위대한 사건으로 인해 가야라는 도시에서는 11km 떨어진 곳이지만 보드가야라고 이름 지었습니다.

　깨달음의 땅, 보드가야는 인구 3만의 조용한 영적인 마을입니다. 인도에서 가장 가난한 지역인 비하르주에 속해 있습니다. 가야에서 남쪽으로 네란자라 강가로 가면 보드가야에 이릅니다. 이곳은 보리수 아래에서 수행하던 고타마 싯다르타가 마침내 깨달음을 얻어 부처님이 되신 곳으로 불교도에게 최고의 성지입니다.

　고행자 고타마 싯다르타는 스스로 해법을 찾기 위해 우루벨라 네란자라강 유역의 숲에서 교진여, 아설시, 마하남, 바제, 바파 등 5비구와 함께 들어가 극심한 고행을 시작하였습니다. 누더기 옷이나 풀과 나무껍질을 엮어 만든 옷을 입거나, 생선, 고기, 술은 물론 쌀로 끓인 미음도 먹지 않고 나무뿌리, 야채, 과일로 연명하였습니다. 뱃가죽과 등뼈가 붙고 기력이 없어져 죽음의 문턱에 이르는 정도가 되었습니다. 그러나 번뇌와 망상이 끝없이 이어졌고 원하는 깨달음은 오지 않았습니다.

　싯다르타는 고행은 또 다른 번뇌의 시작일 뿐 해결책이 아니라

| 마하보디 대탑
보드가야 사원에 조각된 부처님 6년 고행상

고 생각하였습니다. 그리고 어린 시절 잠부나무 밑에서 선정할 때 애욕(愛慾)이 떠나고 찾아오는 기쁨과 즐거움을 기억하며 고행을 중단합니다. 그리고 네란자라 강가에 내려가 몸을 씻은 후에 마침 강가에서 소 젖을 짜던 수자타 여인이 주는 유미죽을 들었습니다. 함께 수행하던 5명의 수행자는 이 광경을 보고

"고타마 싯다르타는 이미 타락했다."

하며 곁을 떠나갔습니다. 싯다르타는 다시 네란자라강 유역의 숲 속에 들어가 피팔라 나무 아래 길상(吉祥)이라는 청년에게서 얻은 길상초을 깔고 앉아

"내가 여기서 깨달음에 이르지 못하면 죽는 한이 있어도 일어나지 않으리라"

다짐하며 선정에 들어갔습니다. 고요하게 마음을 가라앉힌 채 정

선묵혜자 스님과 함께 부처님 성지에서 배우는 불교 上

신을 집중하고 선정(禪定)에 든 지 7일째 되던 날 새벽, 싯다르타는 마침내 대각(大覺)을 이루었습니다. 지금까지 품어왔던 모든 의혹이 걷히고 최고의 깨달음을 얻게 된 그때 나이는 35세였습니다. 이때부터 스스로를 '깨달은 자', '붓다(Buddha)'라 불렀습니다. 그것은 우주의 근원을 통찰했다는 긍지이며, 만유의 존재 당위를 독특한 지견(知見)으로 열어 보였다는 자부이기도 했습니다.

"번뇌는 사라졌다 번뇌의 흐름도 이미 없어졌다. 이제 다시 태어나는 일이 없으리라"

싯다르타는 깨달은 자, 부처님이 되어 수많은 천신의 축복을 받으며 깨달음의 기쁨에 그대로 머물 것인지 중생들과 함께할 것인지 49일간 명료한 사유를 하고 진리를 설 해 달라는 제석천과 대범천의 간절한 청을 받아드렸습니다.

마하보디 대탑 깨달음을 상징하다

　부처님이 깨달음을 얻은 자리에는 기원전 3세기경에 아소카왕이 세웠다는 마하보디 대탑(大塔)이 서 있습니다. 높이가 55m나 되는 이 탑은 방추형의 9층 탑으로 3km 떨어진 곳에서도 보이는 웅대한 탑입니다. 마하보디 사원은 아소카왕 시대까지 거슬러 올라갑니다. 부처님 성도 후 약 250년이 지난 기원전 250년경에 이곳을 찾은 아소카왕이 보리수 나무 옆에 가람을 세우고 부처님이 앉았던 바로 그 자리에 금강좌(金剛坐)를 조성하였습니다.

　대탑 서쪽에 있는 금강보좌(金剛寶座)는 부처님께서 깨달음을 얻은 자리로 앞에 보리수 한그루가 심어져 있습니다. 대탑 남서쪽에는 부처님께서 고행을 끝내고 목욕을 한 연못이 남아 있습니다

　현재의 마하보디 대탑은 아소카왕이 세웠던 사원터 위에 다시 조성한 것입니다. 현장 스님의 기록으로 보아 이미 7세기에는 오늘날과 같은 형태와 규모를 지니고 있었으며, 그 후에도 여러 차례 중수된 기록이 있습니다. 대탑은 멀리서도 볼 수 있으며, 탑 뒤편으로

| 성스럽고 아름다운 보드가야 마하보디 대탑

늘어선 보리수는 높은 탑의 원경에 아름다움을 더합니다. 탑의 외
벽에 조성된 수많은 감실에는 불상이 안치되어 있습니다. 사방으
로 문을 내고 피라미트 같은 형식으로 세워 올린 이 탑은 현재 인도
에 남아 있는 불교사원 가운데 가장 오래되고 아름다운 것으로 꼽

힙니다.

대탑 안에는 가부좌의 대불(大佛)이 안치되어 있는데, 이것은 부처님께서 보리수에 등을 기대고 선정에 들었던 바로 그 자세로 동쪽, 즉 입구 쪽을 향하고 있습니다. 보드가야 유적의 중심은 대탑의 서편에 있는 보리수(菩提樹)입니다. 원래는 피팔라 나무라 불렀던 것을 부처님께서 이 나무 아래서 깨달음을 얻었다 하여 깨달음의 나무, 즉 보리수라고 부르게 된 것입니다. 현재의 보리수는 원래 보리수의 손자에 해당됩니다.

나뭇잎이 푸르고 윤기가 있으며, 겨울에도 잎이 지지 않지만, 부처님 열반일에만 갑자기 잎이 졌다가 다시 잎을 낸다고 하니 신기한 일이 아닐 수 없습니다. 이 보리수 밑에는 부처님이 깨달음을 얻은 자리를 기념하는 금강좌(金剛坐)가 있으며, 그 옆에 있는 불족적(佛足迹)은 부처님이 깨달음을 얻은 후 첫발을 내디딘 곳입니다.

경내에는 이 금강좌를 포함하여 7선정처가 있습니다. 또한 부처님 깨달음과 관련된 유적지가 곳곳에 남아 있습니다. 전정각산(前正覺山)은 부처님이 깨닫기 전에 수행하던 곳이며, 네란자라 강가의 우루벨라는 고행을 마치고 수자타 연인으로부터 유미죽을 받아드신 곳입니다. 수자타 집터. 유영굴(留影窟) 등이 있으며, 최근 한국 첫 전통양식 사찰인 분황사(芬皇寺)가 세워졌습니다.

　　　　　　　선묵혜자 스님과 함께 부처님 성지에서 배우는 불교 上

전정각산에 오르다

　　부처님께서 정각을 이루기 전에 계셨던 시타림이 있던 산이라
해서 '전정각산(前正覺山)'이라고 부릅니다. 전정각산은 부처님 당
시에 인근 대도시의 시체를 버리는 시타림 이었습니다. 지금도 인
도에서 가장 가난하고 천민이 많은 지역이기도 합니다. 부처님께
서 고행을 그만두고 이곳에 오시어 새로운 수행을 위해 이 산을 오
르셨습니다

　　전정각산은 부처님께서 깨달으신 보드가야에서 멀지 않은 곳에
있습니다. 이름 그대로 깨달음(正覺)을 이루기 전에 수행하시던 산
입니다. 정확하게는 오랜 고행을 마치고 유미죽으로 기력을 회복
한 뒤에 새로운 마음으로 수행을 하려 찾아 나선 첫 번째 수행처입
니다. 전정각산은 산이란 명칭이 무색하게 흙먼지 날리는 민둥산
언덕입니다. 당시의 사문 수행자들이 도시 밖의 황량한 시타림에
서 고행하였던 것처럼 이 산의 환경도 매우 척박해 보입니다.

　　부처님은 끝없이 이어지는 상념을 뒤로한 채 들판 끝의 전정각
산으로 갔습니다. 현장 스님의 『대당서역기』에 따르면,

| 부처님께서 정각을 이루기 전 6년간 정진하시던 전정각산(前正覺山)산
멀리서 바라보면 꼭 코끼리 머리 형상과 같다하여 일명 상두산(象頭山)이라고도 한다

　"6년간의 고행을 버리고 공양을 받은 뒤 싯다르타는 정각할 자리를 찾기 위해 동북쪽 언덕으로부터 이 산에 올랐다. 정상에 이르자 갑자기 대지가 진동했다. 산신이 놀라 싯다르타에게 말했다. '이 산은 정각을 이룰 만한 복 있는 땅이 아닙니다' 서남쪽으로 내려가던 싯다르타는 거대한 동굴을 보았다. 석실에 자리 잡자마자 '여기는 정각을 이루실 곳이 못됩니다. 이곳에서 서남쪽으로 14~15리 가면 핍팔라 나무가 있는데, 그 아래에 금강보좌가 있습니다. 과거·미래의 모든 부처님께서도 한결같이 그 자리에서 정각을 이루셨습니다.'라는 소리가 하늘에서 들렸다."라고 기록하고 있습니다. 한편 싯다르타가 일어나자 굴에 있던 용이

　"여기서 정각을 이뤄 달라"

　　　　　　　　선묵혜자 스님과 함께 부처님 성지에서 배우는 불교 上

고 간청했습니다. 기특히 여긴 수행자 고타마 싯다르타는 그림자를 남겼고, 굴 이름은 자연스레 유영굴(留影窟)이 됐습니다. 전정각산 중턱에 있습니다. 주변엔 숲이 우거져 있고, 그곳에 티베트 사찰이 자리 잡고 있습니다. 굴속에는 고행하는 싯다르타 상이 안치돼 있습니다

전정각산으로 올라가는 입구에 두 개의 탑이 있습니다. 하나는 부처님께서 수행하셨던 자리에 세워진 탑이고 다른 조그마한 돌탑은 부처님이 버려진 여인의 분소의(糞掃衣: 시체를 덮었던 천을 깨끗하게 빨아 지은 옷)를 입은 탑 터입니다.

산 중턱에 오르면 조그마한 샘터와 넓은 연못이 나옵니다. 전정각산에서 유일하게 물이 있는 곳으로 '부처님 연못'으로 불립니다. 조금 더 올라가면 커다란 바위들이 병풍처럼 둘러싼 평평하고 넓은 장소가 나옵니다. 현장 스님도 『대당서역기』에서

"아소카왕은 싯다르타가 오르내린 전정각산 유적지에 모두 표식을 세워두고, 스투파를 건립했다."

라고 적고 있습니다. 부처님은 매우 귀한 혈통으로 태어나 귀하게 성장하셨습니다. 그래서 처음 출가했을 때에는 다른 수행자들보다 몇 배나 더 힘든 시간을 보내야 했습니다. 귀한 혈통 출신이었던 만큼 맨발로 걷는 것이나 거친 옷을 입고 지내는 것, 그리고 주는 대로의 음식을 먹어야 하는 탁발 등 어느 하나 쉬운 일이 없었습니다. 배가 너무 고파 음식을 먹으면서도 역겨운 냄새에 구역질을 하면서 스스로 경책하는 모습이 경전에 고스란히 나옵니다.

| 전정각산과 사원들

  부처님도 처음부터 다 갖춘 분은 아니었습니다. 우리가 범접할 수도 없는 저 너머의 존재도 물론 아니었습니다. 어찌 보면 1백 겁을 부단히 노력해서 겨우 이루어낸 땀과 눈물의 깨달음이 석가모니 부처님이 아니겠습니까? 전정각산에 가면 자신을 향한 엄격함에 너무 익숙해져서 그래서 가장 척박한 땅으로만 걸음을 옮긴 부처님의 마음이 느껴지는 듯합니다.

선묵혜자 스님과 함께 부처님 성지에서 배우는 불교 上

끝없는 마왕의 유혹 이겨내다

핍팔라 나무 아래서 싯다르타가 마지막 결심을 하고 선정에 들어갔을 때 하늘과 용의 신들은 기뻐 찬탄을 했습니다. 그러나 마왕 파순의 궁전은 크게 흔들렸습니다. 싯다르타가 깨달음을 이루게 되면 자신의 세계가 파멸될 수 있다는 위기감에 마왕은 온갖 수단을 써서 수행을 방해하기 시작했습니다. 마왕 파순은 돈과 권력, 이성을 상징하는 세 딸에게 싯다르타를 유혹하라고 합니다. 고타마 싯다르타 태자가 선정에 들어가 깨달음을 얻으려 하자 마왕 파순은

"사문 고타마가 이제 보리수 아래서 정각을 이루려 한다. 그가 깨달음을 성취하게 되면 널리 일체의 중생을 제도할 것이다. 깨달음의 경지는 나의 능력을 초월하는 것이다. 그가 깨달음을 얻기 전에 그것을 훼방해야 한다."

라고 생각했습니다. 그러나 별다른 방법이 없어서 걱정이었습니다. 노심초사하고 있는 마왕에게 그의 아들 살타는

"아버지, 싯다르타 태자는 이미 마음이 청정하여 삼계를 벗어나

| 마왕파순의 성도 방해
　끝없는 마왕 파순의 방해와 유혹을 이겨내고 성도하신 부처님

있고, 신통한 지혜로 알지 못하는 것이 없다 합니다. 벌써 천룡팔부가 모두 함께 우러러 찬탄하고 있어서 아버지의 힘으로는 그를 굴복시킬 수가 없을 것입니다. 공연히 죄를 지어 화를 스스로 불러들이지 마십시오."

하고 간곡히 만류했습니다. 파순은 아들 살타의 만류를 무릅쓰고 싯다르타에게로 가서 활로 겨누면서 말하였습니다.

"너는 죽음이 두렵지 않느냐? 빨리 자리에서 일어나라. 너는 돌아가 전륜성왕의 업이나 닦아라. 출가법을 버려 재가자로서 보시행을 쌓아 천상에 태어나 즐거움을 누리도록 하라. 그것이 이 세상에서 최고의 일이건만 무엇 때문에 비구가 되어 누구를 위하여 고생하느냐? 이제 일어나지 않고 깨달음을 성취하려 하면 너보다 더한 고행자들도 나의 화살 소리만 듣고 놀라 자빠졌는데 하물며 네가 독화살을 견디겠느냐? 빨리 일어나라."

그러나 싯다르타는 이러한 마왕의 호통에도 놀라지 않고, 마왕이

| 마왕을 물리치는 부처님 조각, 간다라 3세기

쏜 화살도 피하지 않았습니다. 기이하게도 화살은 연꽃으로 변해 버렸습니다. 그러자 마왕의 딸 3명이 싯다르타를 유혹했습니다. 이러한 유혹에 싯다르타는 그녀들에게 호통을 쳤습니다.

"몸은 비록 아름다우나 마음이 정숙하지 못하구나. 혹시나 악행을 쌓으면 반드시 죽어서 삼악도에 떨어져 축생의 몸을 받아 고통을 벗어나지 못할 것이로다. 그대들이 나의 굳은 마음을 어지럽히고자 하니 그 뜻이 청정하지 못하구나. 이제 물러가거라. 나는 너희들의 시중이 필요하지 않다."

이러한 사자후에 3명의 아리따운 마왕의 딸은 추한 노파로 변해 버렸습니다. 마왕 파순은 그래도 흔들림이 없자 마군을 동원하여 협박하고자 했습니다. 마왕 파순은 모든 군사를 동원하여 일시에 협박해야 되겠다고 마음먹었습니다. 군사들에게 싯다르타를 공격하도록 명령하지만 싯다르타는 마왕의 군사들에게는 자비심을 일으켜 조금도 적의를 품지 않았습니다. 군사들의 공격에도 싯다르타의 몸은 상처하나 입지 않고 오히려 마왕의 아들 살타는 싯다르

| 부처님의 성도를 방해하기 위해 나타난 마라의 세 딸과 악마들. 산치대탑 북문의 조각.

타의 자비심에 감화되어 싸우기를 포기했습니다.

"내 차라리 지혜를 지키다 죽을지언정 어리석게 살지는 않으리라. 마치 의리를 지키는 용감한 병사처럼 승리를 위해 싸우다 깨끗이 죽을지언정 겁쟁이로서 삶을 구걸하지 않으리라. 너는 전생에 약간의 보시행을 닦아 자재천왕이 되었으나 너의 복력이 다 되면 다시 생사윤회의 고통에 떨어져 벗어나기 어려울 것이다."

싯다르타는 이러한 결심으로 많은 마왕의 유혹을 물리치고 깨달음의 세계로 들어갑니다. 마왕 파순은 수행자 싯다르타에게

"과거에 지은 공덕을 누가 증명할 수 있겠느냐?"

고 말했습니다. 싯다르타는 선한 일을 행한 오른손으로 자신의 머리와 다리를 차례로 어루만지다 손을 무릎에 올리고 손가락 끝을 땅으로 향하게 하며

"대지의 신에게 증인이 되어 달라."

고 말했습니다. 그러자 삼천대천세계가 진동하고 하늘이 무너지는 소리가 나면서 대지의 신들이 나타나 고타마 싯다르타가 최고의 깨달음을 이룰 것을 증명했습니다.

완벽한 깨달음을 이루다

    보드가야는 싯다르타가 부처님으로 새롭게 탄생한 곳입니다. 진리의 측면에서 본다면 보드가야야말로 진정한 부처님의 탄생지라 할 수 있습니다.

    고행과 단식이 열반의 길을 향해 나아가는데 오히려 방해가 됨을 알게 된 싯다르타는 이러한 방법을 중지하기로 결심하고, 네란자라강에서 목욕을 하고 머리를 깎은 채 숲속에 앉아 선정에 들게 되었습니다. 수자타 여인이 주는 유미죽(乳味粥)을 공양받고 기력을 회복하고 32상의 수려한 모습을 갖추게 됩니다. 이러한 싯다르타의 모습을 지켜본 다섯 동료 수행자 교진여, 아설시, 마하남, 바제, 바부 등은 실망하고 바라나시의 녹야원으로 떠나버리게 됩니다.

    혼자 남게 된 싯다르타는 전정각산(前正覺山)에 올라 열반의 길을 구하고자 하였으나, 산신들은 보드가야의 금강좌에 올라 성도하기를 권하였습니다. 이곳에서 과거의 여러 부처님이 깨달음을 이뤘다는 산신의 설명을 회상하면서 어떤 것을 깔고 앉을 것인가를 잠시 망설였습니다. 그런 찰나 마침 길상(吉祥)이라고 불리는 청년이

| **수자타 유미죽 공양**
  수자타 여인이 부처님께 유미죽을 공양 올리는 모습

길상초라는 풀을 싯다르타에게 바쳤습니다. 고타마 싯다르타는 보
리수 아래에 길상초를 깔고 앉으면서 다음과 같이 굳은 결심을 하
였습니다

  "이 자리에서 나의 육체가 소멸되어도 좋다. 다만 어느 시대에도
그 누구도 얻기 어려운 모든 지혜(一切智)를 얻지 못한다면 나는 이
자리에서 결코 이 자리를 뜨지 않으리라."

  이러한 결심을 한 후 용맹정진 끝에 출가한 지 6년이 지나 마침
내 깨달음을 성취하셨던 것입니다. 12월 7일 욕계(欲界)의 모든 유
혹에서 벗어난 싯다르타는 또다시 깊은 선정에 들게 되었습니다.
초선으로부터 4선을 거친 후 천안통(天眼通)과 숙명통(宿命通)을 얻
게 되었습니다. 이로써 스스로의 지혜의 눈으로 사성제와 팔정도
를 추구하게 되었고, 또한 생사의 고통의 원인인 무명이 근본이 된

선묵혜자 스님과 함께 부처님 성지에서 배우는 불교 上

십이인연을 간파하게 되었습니다.

싯다르타는 지혜와 통찰력을 확대시켜 나갔습니다. 인간의 생사를 둘러싸고 얽히고 설킨 실타래를 풀지 않고는 해탈 즉 깨달음은 기대할 수 없는 일이었습니다. 싯다르타는 깨달음 순간을 이렇게 표현하고 있습니다

"명상에서 깨어나자마자 두고 온 조국과 사랑하는 사람들, 야소다라와 라훌라의 얼굴이 떠오른다. 순식간에 마음이 크게 흔들리고 있다. 뒤이어 온갖 유혹의 군사들이 몰려오기 시작한다. 감각적 욕망, 탐욕, 권태, 기아, 갈증, 나태, 마비감, 겁(怯), 불확실성, 분노, 고집, 칭찬, 비난, 이권, 명예…. 그것은 실로 끊임없이 물고 늘어지는 마구니의 화신들이다. 이제 새로운 정신력과 냉정, 평온과 평정으로 이들과 싸워야만 한다."

싯다르타는 다시 명상의 첫 단계에 들어갔습니다. 점차 집중은 강화되고, 온전한 주의집중과 평정으로 이루어진 제4선정에 도달했습니다. 여기서 싯다르타는 이전처럼 감각과 인식이 정지된 수상멸처로 들어가지 않고, 대신 순일하고 유연해진 마음을 인간의 생사 문제 쪽으로 향하게 했습니다. 그리고는 극도로 순수하고 집중된 마음으로 자기 자신을 통찰하기 시작했습니다.

"나의 몸은 부모에 의해 만들어져 음식으로 지속되는 사대(四大·지수화풍)의 조합이다. 이 육체가 끊임없이 변화하고 있다. 손상되고 마모되고 부서지고 있다. 이제야 나의 육신과 맞물려 일어났다 사라지고 다시 일어나 흐르는 의식을 꿰뚫어 볼 수 있게 되었다. 육

| 성도하신 붓다
  중도와 연기법을 깨달아 성도하신 부처님

체와 마음이 서로 어떻게 의존하며, 어떻게 작동하는지를 나는 알
게 되었다.”

　싯다르타는 이러한 통찰에 의해 이른바 정신과 육체의 화합체인
인간 존재의 본성에 대한 지혜를 갖게 되었습니다. 다음으로 싯다
르타가 해결해야 할 것은 ‘어떻게 한 인간이 이 세상에 태어나고 또
사라지는가?’를 알아내는 것이었습니다. 싯다르타는 극도로 순수
하고 집중된 마음으로 자신의 과거를 더듬어 거슬러 올라갔습니
다. 그리고는 복잡하게 얽힌 지난 생, 수십·백·천·만 생의 과거,
그리고 여러 차례에 걸친 세계의 생성과 소멸을 회상했습니다. 어
떤 종족에서 어떻게 태어나, 무슨 이름으로 어떻게 살았으며, 어느
곳에 태어났던가 하는 지난 생에 대한 상세한 내용을 상기하기 시
작했습니다. 이러한 끝없는 과거 생에 대한 소급인식능력으로 자

　　　　　　선묵혜자 스님과 함께 부처님 성지에서 배우는 불교 上

| 수자타 마을

신의 생존을 둘러싼 신비를 해결하였습니다.

그리하여 12월 8일 새벽, 샛별을 보는 순간 무명의 소멸과 함께 홀연히 깨달음을 얻어 위 없는 정각(正覺)을 이루시어 부처님이 되신 것입니다. 고타마 싯다르타 태자가 깨달음을 성취함으로써 우리는 그분을 부처님이라고 부르게 되었습니다.

부처님께서 깨달은 것은 극단의 수행으로는 깨달음에 이를 수 없다는 사실입니다. 비로소 깨달음에 이르는 바른 길, 곧 '중도'를 알게 되었습니다. 중도란 양단의 산술적 중간이나 극단적 견해의 절충을 뜻하지 않습니다.

"만물은 모두 변한다(諸行無常), 모든 게 변하니 사물에 불변의 나란 것도 없다(諸法無我) 중도란 그런 사물의 본래 면목이나 그것을 바르게 파악하는 길을 뜻한다."

이후 부처님은 평온한 가운데 선정에 들어가, 비로소 존재의 실상이자 어둠을 밝히는 진리로서 중도연기(中道緣起)를 깨달았습니다. 드디어 큰 깨달음을 완성한 부처님의 입가에 미소가 감돌았습니다. 수행과 좌절 그리고 절망을 되풀이하며 6년 동안의 고행 끝에 결국 보드가야 보리수 아래 금강좌에서 새벽에 떠오르는 샛별을 보며 깨달음을 얻습니다. 바로 중도(中道)의 깨달음입니다.

이제 부처님이 되셨고 '붓다'라고 부르게 되었습니다. 부처라는 말은 '깨달았다.'는 뜻입니다. 부처님이 된 이후 싯다르타와 연관된 모든 것이 달라졌습니다. 부처님께서 앉아 수행하던 '피팔라'는 '보리수'가 되고, 거주하던 마을 이름이 '가야'는 '보드가야'로, 고행하면서 앉았던 자리 '고행림'은 '전정각산'이 되었습니다. 그리고 부처님께서 앉아 도를 이룬 자리는 '금강보좌'라 불렸습니다.

연기법을 깨달으시다

　깨달음으로 가는 길은 모든 갈등과 번민을 물리치고 고요하고 깊은 선정의 세계로 몰입하는 것입니다. 12월 7일 밤 초저녁에는 싯다르타는 선정(禪定)에 자재함을 얻어 사람이 과거에 지은 선과 악의 업으로 어디에 태어나는가를 알게 되었습니다. 어떤 업을 지으면 누가 부모가 되고, 그의 일가친척이 되며, 빈부귀천과 수명의 길고 짧음까지도 거울을 들여다보듯이 훤히 알게 되었습니다.

　싯다르타는 이러한 중생 세계를 보면서 일체 모든 중생을 제도하여 주는 사람이 없으면 생사윤회에서 벗어날 길이 없음을 알고 깊은 자비심을 내게 되었습니다. 그 무엇 하나도 영원한 것이 없는 세상에서 공연히 집착으로 육도를 헤매고 있음을 알 수가 있었습니다. 싯다르타는 인과 연의 관계를 거꾸로 바로 살펴 새벽에 이르러 중생의 근본적인 고통의 원인이 어리석음에 있음을 밝힐 수가 있었습니다.

　"이것이 있음으로 저것이 있고, 이것이 생기므로 저것이 생긴다. 이것이 없음에 저것이 없고, 이것이 사라짐에 저것도 사라진다."

싯다르타는 이 연기법 깨달으시었습니다. 이렇게 하여 12월 8일 아침이 밝아올 때 비로소 싯다르타는 출가하여 6년이라는 피나는 역경을 지나 지혜 광명을 얻어 중생의 번뇌 습기를 끊어버리고 일체 종지를 성취하게 되니, 이것을 우리는 성불(成佛)이라 합니다. 이때가 싯다르타의 나이 35세였습니다.

깨달음을 이루신 날이 바로 인간 고타마 싯다르타에서 온 인류의 구제자이신 부처님으로 삶의 대전환을 이루시는 날이었습니다. 인간으로서 인간답게 살아가는 참다운 삶에 눈뜨시니 각자(覺者)요, 모든 지혜를 성취하셨으니 지자(智者)이시며, 인간으로서 극복하기 어려운 중생심으로서의 자기를 이기셨으니 대승리자이십니다.

우리는 이러한 경지를 아뇩다라삼약삼보리를 이루었다고 말합니다. 누구에게라도 그렇게 이해할 수밖에 없는 보편적인 깨달음이요, 언제 어디서라도 당연하게만 이해될 수밖에 없는 타당한 깨달음이라는 의미입니다. 정각을 이루시고 부처님은 스스로 심경을 술회하였습니다.

"나는 모든 것을 이긴 사람이며, 모든 것을 다 아는 사람이다. 이 세상 모든 법에 물들지 않고 일체를 버렸으며, 타는 듯한 애착을 끊어 해탈하였다. 스스로 깨달음을 얻었으니 누구를 스승으로 보랴. 나에게는 스승이 없고 동등한 사람도 없다. 사람과 천상에서는 나를 대적할 자가 없다. 나는 실로 세상의 공양을 받을 만한 사람이며, 나는 위 없는 스승이며, 유일의 정등각자며 청량한 열반을 증득하였도다."

중생을 위해 법을 설하소서

　깨달음을 성취하신 부처님께서는 깊은 법열(法悅)의 세계에 들어 가셨습니다. 그러자 하늘의 대장인 범천왕이 부처님에게 설법해 달라고 조르기 시작했습니다. 흔히 이것을 범천이 부처님께 설법을 간청했다는 의미에서 범천권청(梵天勸請)이라고 합니다.

　"부처님! 중생들을 위해 법을 설 해 주십시오. 중생들의 눈과 귀를 열어 주십시오. 부처님께서 법을 설 해 주시지 않으면 세상은 암흑과 같아서 살아도 산 것이 아닙니다. 부처님 제발 법을 설 해 주십시오. 부처님께서 먼 옛날부터 무수하게 생사의 고해에 나시어 일체의 것을 버리시고 성도하시기를 원하셨으며, 그것은 오직 중생들을 제도하겠다는 자비심에서 우러난 것입니다. 이제 부처님께선 깨달음을 성취하셨는데 어찌하여 가르침을 베풀지 않으십니까? 부처님, 중생들 가운데는 전생에 복덕을 심은 사람도 있습니다. 그들을 가엽게 여겨 미묘한 법륜을 굴려 주십시오."

　이렇게 간절히 소원했지만 부처님은 아무런 대꾸도 하지 않았습니다. 의지도 박약하고 게으르며 편하기만 좋아하는 중생들에게

| 범천 사함파티가 부처님에게 설법할 것을   간청하고 있다

양 소매 속에 손을 넣은 채 고민하는 부처님(가운데) 모습이 잘 표현돼 있다. 파키스탄 간다라 출토. 대영박물관 소장.

| 범천이 석가모니 부처님에서 설법을 청하는 '범천권청'을 표현한 도상

| 범천이 부처님의 중생을 위해 법을 설하여 줄 것을 청하는 조각

법을 설 해 준들 소용없는 일이 될 것 같았기 때문입니다. 그러나 범천이 줄기차게 권청하자 범천의 성의를 갸륵하게 생각한 부처님은 법을 설 해 주기로 결정하고 마음속으로 이렇게 생각했습니다.

"성자의 길은 고독한 것이다. 나의 설법을 듣고 이해하는 사람이 단한 사람이라도 있다면 그를 위해 법을 설하는 것이 마땅한 일이지."

그리고 최초의 법륜을 굴리기 위해 녹야원으로 발걸음을 옮기셨습니다. 싯다르타는 6년이라는 긴 고행을 통해서도 진리를 깨닫지 못했습니다. 그러나 그대로 물러설 수 없었으므로 사생결단을 하고 마지막 혼신의 힘을 기울여 정진하셨습니다. 그리고 마왕 파순의 집요한 협박과 회유와 유혹을 모두 물리치시고 마침내 성도하셨습니다.

부처님의 성불은 단순히 금생의 수행 결과가 아니라 오랜 기간 수없이 많은 생애를 겪으며 구도에 대한 열망이 이어져 가능했습니다. 그래서 불자는 반드시 성불하겠다는 서원을 세우는 것이 중요하고, 그 기도와 수행이 이어져야 합니다. 예불하고 삼보께 귀의하는 것도 이 땅에 나투신 부처님의 생애에 감사하면서 구도를 향한 발심이 지속되게 해야 합니다.

7선처(七禪處)에서 선정에 들다

마하보디 사원에는 부처님의 7선처(七禪處)가 있습니다. 보리수 아래에서 성도한 부처님은 7일마다 7자리를 옮겨 가면서 보리수 주변에서 7주 동안 머물렀습니다. 그때 부처님이 매주 머물렀던 일곱 개의 작은 성지, 그곳이 바로 7선처(七禪處)입니다. 부처님은 7주간 선정에 들어 자신의 깨달음을 반조하고 깨달음의 기쁨을 누렸던 것입니다.

첫째 주에는 깨달음을 얻으신 부처님께서 1주일간 금강좌에만 앉아 계신 채 깨달음의 12인연을 쉬임없이 관하시고, 모든 법이 인연 따라 생기고 소멸하는 우주의 이치를 완전히 파악하셨습니다. 그리고 선정 속에 머무시는 동안 시방세계의 모든 불·보살들이 모인 가운데 법회를 열어 우주의 진리를 꿰뚫는 『화엄경』을 설하셨다고 합니다.

둘째 주에는 부처님께서 대보리사의 동북쪽에 위치한 언덕에 올라 그곳에서 일주일 동안 깨달음을 이루신 보리수만을 그냥 뚫어지게 바라보시었습니다. 현재 이곳에는 정안(靜眼)탑이라고 불리는 탑이 세워져 있습니다.

셋째 주에는 보리수 옆에 대보리사 북쪽 담장 곁으로 옮겨 그곳에서 일주일 동안 동서로 18걸음을 왕래하시며 경행(經行)을 하시게 됩니다. 그때 부처님께서 가벼운 걸음을 옮기실 때마다 땅에서 연꽃이 피어올라 부처님의 발을 받쳐드렸다고 합니다.

넷째 주에는 부처님께서 경행을 하신 곳의 북쪽에 또다시 일주일을 보내신 장소에 오색(五色) 광명을 발하신 사원이 있습니다. 이곳은 부처님의 성도 때 범천과 제석천이 칠보로 장식된 집과 칠보좌를 만들어 부처

님께 공양하였다는 곳입니다. 부처님이 이곳에 머무실 때 몸에서 파랑, 노랑, 빨강, 오렌지 및 흰색의 오색 광명이 피어올라, 그 아름답고 신비한 빛이 보리수를 한참 동안이나 비추었습니다. 불교기가 이 오색에서 유래 되었습니다.

다섯째 주에는 마하보디 사원으로 가는 계단이 끝나는 지점에 부처님께서 일주일 동안 선정에 잠겨 계시던 또 다른 장소가 있습니다, 현재 반얀나무가 서 있는 곳입니다. 부처님께서 이곳에 좌정하고 계실 때 한 브라흐만이 찾아와서 법을 청하자 부처님께서 『법구경』의 말씀을 설하셨다고 합니다.

여섯째 주에는 용왕 못에 계셨습니다. 마하보디 사원의 남단에 위치하고 있는 이 연못에는 수많은 연꽃이 피어 그 아름다운 모습을 뽐내고 있습니다. 연못 가운데에는 조그만 탑 속에 불상이 모셔져 있습니다. 당시 연못의 서쪽 기슭에서 7일간 선정에 들어 계시던 부처님 주위를 연못에 살고 있는 무칠린다라는 용왕이 일곱 바퀴 둘러싸고 머리를 펼쳐 안개와 비바람, 천둥 번개를 막아주었으며, 이런 가운데 부처님께서는 선정에 들었습니다.

일곱째 주에는 라자야타나 나무 아래서 머무르셨습니다. 마하보디 사원 남쪽에 있는 이 곳은 부처님께서 6주째의 선정 다음에 다시 선정에 드신 장소입니다. 이곳에서 선정에 드신 가운데 깨달음의 법을 듣고 깨칠 수 있는 사람들을 관찰하셨습니다. 6년 전의 스승인 알라라칼라마와 웃타카라마풋라를 천안으로 관찰하였으나, 이미 세상을 떠나셨으므로, 같이 고행했던 다섯 수행자에게 법을 설하고자 마음을 정하셨습니다.

성스러운 보드가야 되찾아야 한다

보드가야는 고타마 싯다르타가 깨달음을 얻은 곳입니다. 초기 불교사원은 기원전 3세기경 아소카왕이 축조하였고, 현존하는 불교사원은 5세기~6세기경 굽타왕조 후기에 벽돌로 지었으며 지금도 그대로 남아 있습니다.

마하보디 사원은 고타마 싯다르타가 깨우친 성지입니다. 이곳의 보리수 아래에서, 35세 때인 기원전 531년에 큰 깨달음을 얻었습니다. 기원전 260년경, 아소카왕은 이곳을 성지순례 장소로 지정하고, 보리수가 있던 곳, 정확히 말해 부처님이 명상했던 나뭇가지 밑에 최초의 불교사원을 짓게 하였습니다. 더욱이 아소카왕은 부처님께서 명상을 하며 앉아 있었을 것으로 보이는 사원 안의 한 자리에 금강좌를 만들었습니다.

마하보디 사원에 대한 가장 오래된 역사 기록은 4세기 이곳을 방문한 중국의 법현 스님이 남긴 『불국기』에 남아 있습니다.

"사원의 본당과 보리수에 대해 간략하게 언급하였으며 부처님의 삶과 관련된 중요한 네 군데(도시)에 대탑(大塔)을 세웠다."

| 다르마팔라상
불교도가 마하보디 사원과 대탑을 관리해야
함을 주장한 다르마팔라상

라고 합니다. 또 당나라 현장 스님이 7세기 보드가야를 찾았습니다.

"단단한 담으로 둘러싸인 곳에 있는 보리수를 보았다. 담 안에는 마하보디 대사원이 48m 높이로 솟아 있었고, 거대하고 아름다운 성소도 있었다. 푸른 기가 도는 벽돌, 석회, 금동 불상이 놓인 벽감 등이 조성되어 있다."

라고 세세한 사항을 『대당서역기』에 기록하였습니다. 12세기에 미얀마 왕에 의해 대규모 복원 공사를 이루어진 것으로 알려져 있습니다. 하지만 13세기에 이슬람 세력이 이 지역을 점령한 뒤 파괴되면서 몇 세기 동안 마하보디 사원은 사람이 찾지 않았으며, 이때부터 사원은 점차 폐허로 변해 버렸습니다.

인도의 다른 불교 유적과 마찬가지로 마하보디 대탑도 이슬람의 침입으로 파괴된 채 방치되기 수백 년이 흘렀습니다. 보드가야는 5백 년이 지난 1810년에야 비로소 세인들의 관심을 끌기 시작하였습니다. 미얀마의 보다우파왕이 그해 사절단을 보냈고, 다음 해 왕이 직접 마하보디 사원을 방문하였습니다. 미얀마 사절단은 1819년 다시 마하보디 사원을 예방했고, 1824년에도 참배했습니다. 미얀마 사절단이 왔다 갔다 하자 보드가야 주변을 관리하던 힌두교도들이 소유권을 주장하였습니다.

1851년 스리랑카인 다르마팔라는 인도의 불교 성지 재건을 위해 마하보디 소사이어티를 구성하고 인도 정부에 성지복구를 위한 허가를 요청하지만, 인도의 영국 총독부는 대사원과 주변 유적지를 모두 당시 이 지방의 '사이비테 마한타'라는 힌두교에게 소유권을 넘겨주었습니다. 영국이 인도의 원활한 식민통치 전술에 용인하면서, 마하보디 사원의 소유·관리는 이 무렵 힌두교 수중에 완전히 들어가게 되었습니다.

1880년 영국 고고학자 '커닝 햄' 등에 의해 마하보디 사원 일대가 발굴되고 대탑이 수리되면서, 보드가야는 세계적인 성지로 추앙받아 오늘에 이르고 있습니다. 1885년에는 『동방의 빛』이라는 책을 통하여 부처님의 삶과 가르침을 알린 '에드윈 아놀드'에 의하여 마하보디 사원의 실상이 세상에 알려지게 되었습니다.

한편 19세기 미얀마의 적극적인 관심과 1891년 스리랑카 출신인 다르마팔라가 보드가야에 도착하여 성지를 보존하고 불교를 인도에 전파하는 것을 자신의 수행 목적으로 삼아 선포하였습니다.

"불교도가 대보리사를 관리해야 한다."

라며 투쟁을 전개하였습니다. 이를 계기로 1893년 미국에서 열렸던 세계종교회의에 참여하는 등의 지속적인 노력의 결과, 인도의 국부인 마하트마 간디, 인도 최고의 시인 타고르 등이 가세하였습니다. 당시의 인도 수상 네루에 의해서 힌두교 측이 갖고 있는 마하보디 사원과 그 일대를 불교인에게 되돌려 주어야 한다는 결정을 내리게 되었습니다.

이후 60년간의 법정 소송 끝에 마하보디 사원과 유적지가 불교도의 것이라는 판결받았지만, 현재까지도 완전한 불교도의 것이 아닙니다. 보드가야 사원운영회가 힌두교와 불교도 반반으로 이루어졌기 때문입니다. 물론 이것은 절반의 성공으로 표현해 맞을 것 같습니다. 마하보디 사원 관리·운영권은 지금도 불교도와 힌두교도 사이에 해결해야 될 문제로 남아 있기 때문입니다.

가장 성스러운 곳, 깨달음을 얻은 보드가야는 지금은 세계문화유산에 등록되어 국제사원으로 꾸며져 있습니다. 부처님께서 출가 후 6년 고행 끝에 성취하신 대각의 성지, 마하보디 사원은 불교에서 가장 중요한 성지입니다.

보드가야의 불교 유적

부처님께서 깨달음을 완성한 성도(成道)의 현장 보드가야에는 기원전 250년경 아소카왕이 세운 마하보디 사원 있고, 사원 안에서 독경, 기도, 오체투지, 좌선, 명상, 행선 등을 하는 사람들의 표정이 참으로 고요한 곳입니다. 마하대비 사원은 탑 그 자체가 사원인 탑 사원입니다

중앙에는 마하대비 대탑이 있고 사원의 왼쪽 옆에는 높이 25m의 보리수가 서 있습니다. 높은 보호용 철책을 둘러친 보리수 한쪽 옆에는 부처님의 커다란 발자국을 새긴 족적이 있고, 그 반대편에는 부처님께서 깨달음을 얻었던 자리인 '금강좌'가 황금색 천으로 덮여 있습니다. 보리수 주변에는 예불을 드리고 독경하는 불교도들로 성시를 이루고 있습니다.

마하보디 사원

마하보디 사원은 최초 기원전 250년경 아소카왕에 의해 금강좌(金剛座) 위에 4개의 석주로 지탱된 달집으로 건립되어 '금강좌사원'으로 명명되었다. 이후 기원 2세기 혹은 5세기경에 이르러 현재의 모습을 갖게 되었다. 이후 이슬람의 침략과 힌두교의 영향으로 땅속에 묻힌 채 오랜 세월 그 모습을 보이지 않았다. 이후 1881년 '커닝 햄'에 의해 완전히 발굴됨으로써 사방 15m의 정방형 기단 위에 55m의 높이로 세워져 있었던 마하보디 대탑의 위용이 세상에 빛을 발하게 되었다.

마하보디 사원의 발굴자인 '커닝 햄'에 의하면 "원래 금강좌 위에 아소카왕이 건립한 사원이 있었고, 이곳 현재의 사원 역시 그곳에 증축된 탓으로 실제 금강좌 자리는 사원 안에 모셔져 있었다고 하며, 사원 담장 밖 보리수 아래에 조성된 현재의 금강좌는 굽타왕조 초기에 만들어진 것이라 한다. 이곳의 거듭된 중수로 금강좌 기단부에 새겨졌던 열 가지 형상들과 조각은 해체되고, 좌대의 일부분만이 현재 이곳에 남아 있다."라고 했다.

사원의 동쪽에는 중각(重閣)이 있으며, 사원의 정문 좌우에는 관세음보살님과 미륵보살님이 모셔져 있다. 사원의 벽과 첨탑의 벽면에는 수많은 감실과 그 속에 황금 불상이 자리하고 있다.

마하보디 대탑

보드가야에 가면 마하보디 대탑이 눈앞에 보인다. 대탑이 너무 높아 고개를 들어야 전체를 볼 수 있을 정도이다. 높이가 무려 55m 정도로 금광보좌를 모신 곳이기도 하다. 기원전 3세기 아소카왕에 의하여 처음으로 세워졌다. 이 탑은 방추형의 9층 탑으로 3km 떨어진 곳에서도 보일 정도로 웅대한 탑이다. 그 후 이슬람의 침략을 대비하여 위해 흙으로 덮어 놓았다고 하는 슬픈 이야기도 전해지고 있다.

마하보디 대탑은 탑이자 사원이다. 탑 내부에 법당이 있고 그곳에 불상을 모신 형태이다. 각형 기단 위 한가운데 높이 55m의 중앙탑이 있고 네 모퉁이에 작은 탑을 세웠다. 5개의 탑이 하나의 기초 위에 서 있는 형태이다. 그동안 봐 왔던 봉분 형태의 탑이 아니라 탑의 형상이 기품있게 장엄하면서도 아름답다.

중앙탑은 우주의 중심인 수미산을 상징하고 네 모퉁이 작은 탑은 사주를 상징한다. 부처님이 계신 곳이기에 우주의 중심이며 가장 신령스런 곳 그곳이 바로 수미산인 것이다. 깨달음의 성지의 상징인 대탑은 가장 의미 있고 아름다운 탑이다.

마하보디 대탑 불상

마하보디 대탑 법당은 6평쯤 되어 보이며 서쪽 벽면에 약 1m쯤의 불단을 마련하여 부처님을 한 분 모셨다. 원래 사원에 모셨던 불상은 13세기 이슬람의 인도 침략 때에 파괴되었다고 한다. 7세기경 이곳을 방문했던 현장 스님의 기록에 의하면 법당에서 친견했던 불상의 높이가 11자 5치(3.5m)였다고 기록하고 있는 것으로 보아 현재의 불상보다는 훨씬 컸었던 것으로 보인다. 현재 마하보디 대탑의 법당에 모셔져 있는 항마촉지인 모습의 불상은 13세기경의 작품이다.

불상의 높이는 약 1.8m이며 9-10세기 팔라 왕조 시대에 조성되었다고 한다. 불상은 검은 돌로 만들었으나, 불멸 2,500년을 기념해 미얀마의 한 불자의 시주로 개금을 했다고 한다. 황금빛 가사를 두르고 있으며 오른손으로 땅을 가리키는 항마촉지인은 부처님이 성도를 이루려 하실 때 악마의 유혹을 물리칠 수 있음을 증명코자 손으로 땅을 가리키자 땅에서 지신이 나와 그 증인이 되어 준 것을 상징한 것이다.

보리수(菩提樹)

보드가야에는 보리수라는 나무가 있다. 깨달음의 나무라 불리우는 보리수는 2,600년 전의 그 나무는 아니다. 그 이유는 부처님께서 수행한

선묵혜자 스님과 함께 부처님 성지에서 배우는 불교 上

원래 보리수는 죽고 그 나무의 손자뻘이다. 수령은 약 120년쯤 되었고, 높이는 약 25-30m이다. 이곳의 보리수는 사실 피팔라라고 불리는 나무이다. 그런데 부처님께서 깨달음을 얻은 후에 보리수라고 부르게 되었다. 부처님은 보리수 아래에서 깨달음을 이루었다. 이 보리수는 부처님의 깨달음을 지켜본 그 나무의 후손이다.

부처님의 생애에서 중요한 사건은 나무와 관련이 있다. 탄생시에는 마야부인이 무우수(無憂樹)를 잡고 아기 부처를 낳았으며, 부처님이 보리수(菩提樹) 아래에서 깨달음을 얻었다. 그리고 두 그루의 사라수(娑羅樹) 사이에서 열반에 들었다.

금강좌(金剛座)

싯다르타가 보리수 밑에서 도를 닦을 때 앉았던 자리이다. 부처님이 성도(成道)한 보리수 아래에는 마우리야 시대의 금강좌(金剛座)가 남아 있다. 금강좌는 '계시는 곳'이라는 표현이 된다. 도량은 부처님께서 깨달음을 이루신 곳이다. 구체적으로 나타내면 인도 보드가야에 있는 보리수 아래 금강좌를 가리킨다. 아소카왕이 부처님이 깨달으신 이곳 금강좌에 보리대탑을 세웠으니 불상이 자리한 곳이 바로 부처님이 깨달은 금강좌이며 우주의 중심이다.

눈에 보이는 금강좌는 신자들에게 시각적으로 보여주기 위해 만든 것이다. 부처님께서 앉는 곳은 어떤 악마도 이를 침범할 수 없는 견고한 자리이다. 성도의 땅, 인도의 보드가야의 보리수 아래에 있는 부처님이 깨달으신 장소이다.

불족석(佛足石)

보리수 아래 깨달음을 얻은 부처님이 첫발을 내 딛은 자리에 부처님 발자국을 새겨 놓은 불족석이 있다. 부처님의 발자취를 뜻하는 불족적(佛足跡)은 주로 돌 위에 새겼기 때문에 불족석(佛足石)이라고도 불린다. 불족적의 사전적 의미를 살펴보면, '누구나 부처님의 발자취를 보고 존경하고 기뻐하면 한량없는 죄업을 소멸한다고 하여 예로부터 이것을 만들어 숭배하고 공경하는 일이 유행하였다.'라고 되어있다.

아소카 석주

이곳에는 아소카왕 당시의 흔적을 전하는 유물은 없다. 기원전 2세기경에 조성된 바르후트의 난간 기둥에는 마하보디 사원 경내에 코끼리 머리 장식의 아소카왕 석주가 분명하게 묘사돼 있다. 하지만 7세기경에 이곳을 다녀간 현장 스님의 순례 기록에는 아소카왕 석주에 대한 언급이 없다. 미루어 보아 5세기 이전에 이미 유실되었을 가능성이 높다. 현재의 마하보디 사원 석주는 아소카왕이 세웠던 사원터 위에 다시 조성한 것이다.

전정각산(前正覺山)

전정각산은 부처님이 깨달음을 얻기 전에 6년간 고행을 한 산이어서 전(前) 정각산(正覺山)이라고 부른다. 멀리서 바라보는 전정각산은 수많은 자갈과 가시나무로 이루어진 자갈 산인데, 마치 인간의 끝없는 고뇌의 수만큼의 자갈이 산에 박혀 있는 뾰족한 돌산이다.

보드가야에서 네란자라강 건너편에 있는 바위산으로, 고행을 포기한 싯다르타가 깨달음을 이루려고 이 산에 올랐으나 주위 환경이 여의치 못하여 네란자라강을 건너 보드가야로 향했다. 그 후, 이 바위산은 싯다르타가 깨달음을 이루기 전에 오른 산이 되었다.

유영굴(留影窟)

전정각산은 부처님이 되기 전 싯다르타가 정각할 자리를 찾기 위해 올랐던 산이다. 산속 동굴에 자리를 잡고 깨달음을 이루려 했지만 산신들이 자리가 좋지 못하다고 보리수나무를 추천했다. 싯다르타가 일어나자 굴에 있던 용이 "여기서 정각

을 이뤄 달라"고 간청했다 싯다르타는 용의 간청에 자신의 그림자를 남긴 것이 전정각산 유영굴의 유래다

유영굴 내 고행상

원래 아프카니스탄의 라호르 박물관에 있었던 유명한 조각이다. 싯다르타의 고행은 6년이나 이어졌는데 길고도 혹독한 고행은 그를 죽음 직전의 상태로까지 몰아갔다. 『불소행찬』에는

"나는 하루를 대추 한 알로도 보냈으며, 멥쌀 한 알을 먹고도 지냈으며, 하루에 한 끼, 사흘에 한 끼, 이윽고 이레에 한 끼를 먹고 보름에 한 끼를 먹었다. 그래서 내 몸은 무척 수척해졌다. 내 볼기는 마치 낙타의 발 같았고, 내 갈비뼈는 마치 오래 묵은 집의 무너진 서까래 같았다. 내 뱃가죽은 등뼈에 들러붙었기 때문에 일어서려고 하면 머리를 처박고 넘어졌다. 살갗은 오이가 말라 비틀어진 것 같고, 손바닥으로 몸을 만지면 몸의 털이 뽑혔다. 이를 보고 사람들은 말했다. 아, 싯달타 태자는 이미 목숨을 마쳤구나. 이제 곧 죽을 것이다."라고 기록하고 있다.

수자타 수투파

마을 여인 수자타로부터 유미죽을 받아 드셨다는 장소이다. 수자타 탑은 고타마 싯다르타가 6년이 넘는 금식 수행을 지속해 왔음에도 불구하고 별다른 깨달음의 성과를 얻지 못하였다. 수자타 여인에게 유미죽을 얻어먹은 후 싯다르타는 자신의 금식 수행이 부질없었음을 깨닫게 되었다. 유미죽으로 기운을 차린 싯다르타는 동네 인근 보리수 나무를 찾아가 명상하던 중 드디어 깨달음을 얻게 되었다. 그래서 수자타 스투파(탑)는 의미가 있다.

수자타는 부처님이 깨달음을 얻기 전 마지막 식사를 준 여성의 이름이다. 수자타 여인은 부처님의 제자가 되었다. 수자타 스투파는 이러한 역사적인 사건을 기념하기 위해 건립되었으며, 현재는 불교 신자들의 성지로 여겨지고 있다. 스투파 내부에는 부처님과 수자타 여성의 조각상 등이 있으며, 수많은 불교 신자들이 스투파를 찾고 있다.

네란자라강

니련선하라고 부른다. 중인도 마가다국 가야성의 동쪽에 북으로 흐르는 강 이름을 말한다. 부처님은 6년간 고행을 통한 수행 끝에 이 강에 목욕하고 유미죽을 드신 후 보리수 아래서 정각을 이루셨던 것으로 알려져 있다.

"그러나 싯다르타는 그들의 가르침으로는 안온한 열반에 이를 수 없다고 생각했다. 그는 다시 서남쪽으로 가서 네란자라강이 흐르는 우루벨라 마을에 이르렀는데, 그곳에는 많은 수행자들이 있었다. 싯다르타는 마을에 있는 조용한 숲속으로 들어가 먹고 자는 것도 잊은 채 혹독한 고행만 했다."

싯다르타는 자리에서 일어나 네란자라강에 가서 몸을 씻었다. 그러고 유미죽을 먹고 기력을 회복했다. 건강을 회복한 그는 보리수 아래에 가서 풀을 깔고 편안히 앉아 깊은 명상에 잠겼다. 명상을 시작한 지 7일째 되는 날이었다. 적막한 새벽녘에 별이 반짝였다. 명상에 잠긴 싯다르타는 가슴 깊이 잔잔하게 사무치는 기쁨을 느꼈다. 모든 이치가 환하게 드러났다. 깨달음을 얻은 것이었다.

한국 사찰 분황사

마하보디 사원을 중심으로 각국의 사찰이 세워져 있다. 각 나라의 건축양식으로 설계된 중국, 대만, 일본, 태국, 몽골, 티베트, 부탄 사찰 등이 눈에 띈다. 최근에 한국 사찰 분황사가 건축 되었다. 사찰 이름이 분황사는 한국의 전통적인 건축양식을 살리면서 순례객 참배와 숙박 등의 목적에 충실히 하고 있다. 분황사는 보드가야 기후와 부지, 주변 시설 등을 고려해 대웅전과 숙소, 보건소를 갖춘 다목적 한국식 사찰로 설계되었다.

선묵혜자 스님과 함께 부처님 성지에서 배우는 불교 上

깨달음의 땅에서 배우는 교리

보리수(菩提樹)

이 나무 밑에서 석가모니가 도(道)를 깨달았다고 하여 매우 신성한 나무 중의 하나이다. 이 나무 근처에 절을 짓고 뜰에도 이 나무를 심는다. 이 나무를 불교에서는 마음을 깨쳐 준다는 하였는데, 중국에 불교가 전래되면서 한자로 변역할 때 그대로 음역하여 보리수라는 이름이 생겼다.

중국을 통하여 들어온 한국의 불교 승려들도 찰피나무 또는 보리자나무를 심고 보리수라고 하며 열매로 염주를 만든다. 우리나라, 중국, 일본에서는 보리수가 자라지 못하므로 달피나무, 찰피나무, 염주나무 또는 이와 비슷한 종을 보리수라고 부르며 절에서 심는다. 이러한 보리수나무를 한국에서 야생하는 보리수와 구별하기 위하여 보리자나무라고도 한다.

오체투지(五體投地)

불교에서 큰절하는 법의 하나로 최상의 경례법이다. 먼저 두 무릎을 땅에 꿇고, 두 팔을 땅에 대고, 그다음에 머리를 땅에 닿도록 절을 하는 것이다. 제자가 스승에게 지극한 존경과 신성을 다 바치는 의미로 행하는 인사법이기도 하다.

불교 신자가 삼보(三寶)께 올리는 큰 절을 말한다. 고대 인도에서 행하여지던 예법 가운데 상대방의 발을 받드는 접족례(接足禮)에서 유래한 것이다. 자기 자신을 무한히 낮추면서 불·법·승 삼보에게 최대의 존경을 표하는 방법으로, 양 무릎과 팔꿈치, 이마 등 신체의 다섯 부분이 땅에 닿기 때문에 이 이름이 붙었다.

오체투지는 중생이 빠지기 쉬운 교만을 떨쳐버리고 어리석음을 참회하는 예법이다. 밀교 계통에서는 스스로 고통을 겪으면서 수행하는 방법으로 행하여져 엎드려 온몸을 완전히 땅에 붙이는 형태를 취하기도 한다. 오체투지를 하기 어려울 때는 반 배를 한다. 부처님 앞에 헌화하거나 향·초·공양을 올릴 때에도 반 배를 하는데, 합장 자세에서 공손히 머리를 숙이면 된다.

이와 비슷한 절로 고두배(叩頭拜)가 있는데, 몸과 입과 마음의 삼업(三業)을 정화시키기 위해 온몸을 던져 세 번 절하는 것을 말한다. 삼배 중 마지막 절은 반드시 머리를 들었다가 땅에 닿게 한다. 108배나 3천배 등 절에서 하는 모든 절의 마지막에는 고두배를 올린다.

고행림(苦行林)

석가모니가 성도하기 전에 6년 동안 고행하던 우루벨라 마을에 있는 숲을 말한다. 사문 고타마는 고행림으로 들어갔다. 고행림은 우루벨라의 가야산에 있었다. 고행을 수행법으로 선택한 수행자들이 찾는 장소였다. 고행은 명상과 함께 당시 수행자들에게 가장 인기 있는 수행법이었다. 사문 고타마도 고행을 택했다.

선묵혜자 스님과 함께 부처님 성지에서 배우는 불교 上

고행림에 들어 온 사문 고타마는 지금까지 어느 누구도 시도해 본 적이 없는 모진 고행을 시작했다. 가시덤불 위에 눕기도 하고 쇠못을 박은 판자 위에 눕기도 했다. 거꾸로 매달리기도 하고 양다리를 엇갈리게 한 후 무릎을 세우고 앉기도 했다. 한여름 지글거리는 뙤약볕에 몸을 태우기도 하고 한겨울 추위 속을 맨몸으로 지내기도 했다. 호흡을 멈춘 채 온몸이 터져버릴 것 같은 고통도 느껴봤다.

잠부나무

잠부나무는 힌두교와 불교 문화권에서 중요한 위치를 가지고 있다. 힌두교에선 이 나무 열매를 신들의 열매라고 부르고 있으며 불교에서는 부처님이 수행한 나무로 알려져 있다. 그래서 불교에서는 이 나무를 성스러운 나무로 부르고 있다.

싯다르타는 잠부나무 아래에서의 명상에서, 이전에는 경험하지 못한 차원이 전혀 다른 안락함을 느꼈다. 이 안락함은 세상의 흐름, 시시각각 다가오는 현상과 대상을 향한 집중이 가져다 준 즐거움이었다. 잠부나무가 제공한 시원한 그늘 아래서의 고요, 그 고요를 바탕으로 한 깊은 통찰이 가져다 준 청량감은 싯다르타에게 큰 위안으로 다가왔다.

싯다르타가 잠부나무(염부수) 아래에서 든 선정을 대승불교에서는 잠부나무 아래 정관(靜觀)이라고 부른다. 이때 싯다르타는 색계(色界) 초선(初禪)에 해당하는 삼매(三昧)에 들었다. 선정주의와 고행주의를 극복하고, 바른 선정과 통찰의 지혜로 나아갔다. 인류를 뛰어넘어 모든 생명의 위대한 스승, 부처님의 탄생 뒤에 잠부나무가 있었다.

유미죽(乳糜粥)

부처님께서 6년간 설산 고행을 마치고 처음으로 먹은 음식이 바로 죽이다. 인도의 우루벨라 마을 네란자라 강변에서 마을 소녀인 수자타로부터 받은 유미죽(쌀가루에 우유를 넣어 끓인 죽) 한 그릇으로 원기를 회복하여 수행에 들어 깨달음을 얻었다.

부처님이 깨달음을 구하기 전에 마지막으로 받은 음식이 바로 유미죽이다. 부처님은 수자타가 건넨 유미죽을 먹고 깨달음을 얻어 45년간 세상에 진리의 가르침을 전했다.

이처럼 불교에서 유미죽은 깨달음을 추구하는 수행자들에게 바치는 음식 즉, 공양 음식의 기원이라 여긴다. 이런 의미에서 '수자타의 죽(粥)'이라 부르는 유미죽은 불교의 시작이자 깨달음의 음식이다.

금강보좌(金剛寶座)

금강보좌는 석가모니 부처님이 깨달음을 얻은 자리이다. 부처님께서 보리수 아래에서 깨달음을 얻기 전 앉았던 길상초(吉祥草)에서 유래한다. 『화엄경』「세주묘엄품」에서는 금강보좌를 다음과 같이 표현하고 있다.

"그 땅은 견고하여 금강으로 되었는데, 가장 묘한 보배 바퀴와 여러 가지 훌륭한 꽃과 깨끗한 마니로 장엄하게 꾸몄으므로 온갖 빛깔들이 바다와 같이 끝없이 나타났다. 마니보배로 깃발이 되어 항상 광명을 놓고 아름다운 소리를 내며, 보배로 된 그물과 향과 꽃과 영락들이 두루 드리웠고, 마니보배가 자재하게 변화하여 한량없는 보배 비를 내리었다. 여러 가지 훌륭한 꽃이 땅위에 흩어지고, 줄을 지어 보배나무에는 가지와 잎이 찬란하게 무성하여, 부처님의 신통한 힘으로 이 도량에는 모든 장엄이 그림자처럼 그 속에 나타났다."

부처님의 자리를 상징하는 금강좌를 설명하는데 10종의 의미가 있다. 첫째「견고한 금강」은 법성의 큰 지혜로서 보시 바라밀의 체를 삼아 10바라밀을 원만히 성취함으로서 불괴의 땅을 형성한 것이고, 둘째「훌륭한 꽃」은 청결한 성계(性戒)의 결과를 의미하고, 셋째「마니보배」는 인욕의 결실이며, 넷째「온갖 빛깔」은 여러 가지 정진이며, 다섯째「마니당」은 흔들림이 없는 선정의 체이고 여섯째「광명」과「소리」는 마니당의 빛이 일곱째「보배 그물」은 방편바라밀이고 여덟째「묘한 향」은 원바라밀의 결과이고 아홉째「마니보왕의 변현」은 역바라밀의 실천이고 열째「꽃비」는 대지위의 구름에서 쏟아지는 진리의 비다. 부처님이 앉아계신 금강보좌는 이렇게 10바라밀의 결실에 의해 맺어진 불괴의 자리임을 상징적으로 나타내고 있다.

중도(中道)

양극단을 떠나 한편에 치우치지 않는 공명한 길을 말한다. 불교에서는 유(有)나 공(空)에 치우치지 않는 진실한 도리, 또는 고락(苦樂)의 양편을 떠난 올바른 행법을 중도라고 한다. 중도의 개념은 극단 사이의 균형 잡힌 길을 찾는 것을 강조하는 불교 철학의 기본 원리이다. 그것은 역사적인 부처님의 가르침으로 그의 깨달음의 핵심적인 측면으로 여겨진다.

초기불교부터 근본진리의 중요한 특징을 나타내는 표현으로 사용되었다. 이어 대승·소승 각 교파에서도 중도야말로 불교적 진리관의 요체라는 의미에서 중도실상(中道實相)이라는 용어를 사용하고 있다. 초기불교의 중도는 보통 실천중도(實踐中道)와 이론중도(理論中道)로 나누어 설명된다. 실천중도는 녹야원의 처음 설법에서 교진여 등 다섯 사람에게 설해진 내용이며, 이론중도는 구체적으로는 정견(正見)·정사유(正思惟)·정정진(正精進)·정업(正業)·정어(正語)·정정(正定)·정념(正念) 등의 팔정도(正道)로 설명되었다.

중도는 극단적인 견해나 행동을 거부하고, 절제를 옹호하며 과도한 방종과 심한 금욕주의의 함정을 피하는 것으로 이해될 수 있다. 중도는 극단의 타협이 아니라 이원론적 사고를 넘어서는 초월적 길이다. 괴로움의 소멸과 불교의 궁극적인 목표인 열반의 실현을 지향하는 지혜와 덕과 명상의 길이다.

중도의 개념은 삶에 대한 균형 있고 절제된 접근을 옹호하는 불교 철학의 초석이다. 그것은 극단적인 견해와 행동을 거부하고 개인을 윤리적 행동, 정신 발달 및 지혜의 길인 고귀한 여덟 가지 길로 인도한다. 중도 수행을 통해 개인은 고통을 극복하고 깨달음을 얻고 불교의 궁극적인 목표를 실현하는 것이다.

오비구(五比丘)

최초로 부처님에게 귀의한 다섯 명의 비구로 교진여·아사지·마하나마·밧디야·바파를 가리키는 말이다. 이들은 석가모니가 성도하기 전 함께 수행하였고, 성도 후에는 초전법륜(初轉法輪)을 듣고 최초로 부처님에게 귀의했다.

이들은 본래 웃타카라마풋타 교단의 수행자였다. 싯다르타를 따라 네란자라강 고행림까지 와서 같이 수행을 하였다. 싯다르타가 6년간의 고행을 마치고 얼마 동안 수자타라는 여인이 우유와 꿀에 쌀을 넣고 끓인 유미죽을 받아먹었다. 덕분에 싯다르타는 기력을 회복하였으나 그를 따라 수도하던 다섯 비구는 태자가 타락하였다며 실망하여 바라나시 교외의 녹야원으로 떠나버렸다.

그 후 부처님이 보리수 아래에서 선정에 들어 마침내 깨달음을 얻었다. 깨달음을 얻은 부처님이 함께 수행하던 교진여 등 다섯 수행자를 먼저 제도해야겠다고 생각하고 녹야원으로 갔다. 멀리서 부처님을 본 이들은 모른척하기로 약속하였으나 부처님이 다가가자 일어나 자리를 권하고 공손히 인사하였다.

부처님은 이들에게 쾌락만을 좇거나 고행만을 추구하는 양극단을 뛰어넘어 중도(中道)를 배우라고 일렀다. 그리고 생로병사의 고통(苦)과 그 고통의 원인(集), 이를 벗어난 평화(滅)와 그에 이르는 방법(道), 즉 사성제와 그 수행 방법으로서의 여덟 가지 성스러운 길, 즉 팔정도를 설하였다. 이것이 이른바 초전법륜이다. 다섯 비구는 석가모니의 설법을 듣고는 곧 깨달아 아라한과를 얻은 뒤 부처님께 귀의하여 처음으로 불교 교단을 형성하였다.

길상초(吉祥草)

길상초는 싯다르타가 보리수 나무 아래에서 득도할 때 방석처럼 깔고 앉았던 풀로 '길하고 상서롭다'라고 여겨 붙은 이름이다. 싯다르타가 청한 부드럽고 깨끗한 성스러운 풀로 바친 이가 길상동자(吉祥童子)라는 데서 비롯되었다

부처님은 고행림이 있는 네란자라강의 언덕을 떠나 자신의 길을 찾았고 마침 그늘이 좋은 피팔라 나무를 발견하시는데 거기에는 앉기 좋은 반석이 놓여 있다. 오랜 고행에 지친 부처님이 근처에서 풀을 베던 사람에게 일러 부드럽고 깨끗한 풀을 얻어 깔고 앉으셨다.

부처님은 도를 이루지 못하면 결코 이 자리에서 일어나지 않겠다는 각오로 이 풀에 앉으시는데 그러한 각오는 그를 출가하게 한 늙음과 병듦과 죽음을 넘어선 무고안온의 열반을 얻는 길에 대한 확고한 신념에서 나온 것이었다. 부처님께서 탄생하는 순간, 부처님의 몸을 지탱해 준 성스러운 풀, 길상초(吉祥草)는 부처님의 깨달음의 현장을 지킨 매우 의미 있는 이 식물이다. 이 풀은 인류의 오랜 역사 속에서 자주 등장하는 식물이기도 하다.

항마촉지인(降魔觸地印)

부처님의 5가지 수인 중 하나이다. 좌선할 때의 손 모양에서 오른손을 풀어서 오른쪽 무릎에 얹고 손가락으로 땅을 가리키는 손 모양이다. 왼손은 손바닥을 위로 해서 배꼽 앞에 놓은 선정인 그대로이다. 이는 부처님이 수행을 방해하는 모든 악마를 항복시키고 성취한 정각을 지신(地神)이 증명하였음을 상징한다.

마왕 파순(波旬)은 만약 석가모니가 깨달음을 얻으면 일체중생이 구제되고 자기의 위력은 당연히 감소 될 것으로 생각하여 권속을 이끌고 여러 가지 방해 공작을 하였다. 처음에는 미녀를 보내어 쾌락으로 석가모니를 유혹하였으나 성공을 거두지 못하자, 마왕은 마침내 지하세계의 모든 군세를 동원하여 힘으로 석가모니를 쫓아내려 하였다. 마왕이 칼을 들이대면서 석가모니에게 물러나라고 위협하자, 석가모니는 "천상천하에 이 보좌에 앉을 수 있는 사람은 나 한 사람뿐이다. 지신(地神)은 나와서 이를 증명하라."고 하면서 오른손을 풀어 무릎 위에 얹고 손가락을 땅에 대었다.

그러자 지신이 홀연히 뛰쳐나와 이를 증명하였는데, 이때의 모습이 항마촉지인이다. 따라서 이 수인은 석가모니만이 취하는 인상이다.

육신통(六神通)

수행으로 갖추게 되는 여섯 가지 불가사의하고 자유자재한 능력을 말한다. 일상적인 인식이나 능력을 능가하는 초월적인 인지 능력과 초인적인 능력을 가리키는 불교 교리이다. 신(神)은 '인간이 아닌 신적이다.'는 의미이고, 통(通)은 '걸림이 없다.'는 뜻이다. 육신통은 신족통(神足通) · 천안통(天眼通) · 천이통(天耳通) · 타심통(他心通) · 숙명통(宿命通) · 누진통(漏盡通)을 말한다.

육신통은 주로 부처님과 그의 제자 아라한이 갖추고 있는 능력으로 묘사되고 있다. 여기서 누진통을 제외한 나머지 다섯 신통은 세속적인 것으로 불교 수행자가 아닌 외도들도 수행에 의해 획득될 수 있는 것이다. 그러나 누진통은 초세간적인 것으로 오로지 부처님만이 수행에 의해 성취할 수 있다.

신족통은 마음으로 몸을 만들 수 있거나 사라지게 할 수 있고 벽 등을 통과할 수 있고, 물 위를 걸을 수 있고 하늘을 날 수 있는 능력 등을 가리킨다. 숙명통은 전생을 기억해 낼 수 있는 능력이다. 천안통은 보통 사람들이 볼 수 없는 것을 볼 수 있는 능력이다. 천이통은 보통 사람들이 듣지 못하는 소리를 듣는 능력이다. 타심통은 다른 사람의 생각이나 마음 상태를 알 수 있는 능력이다. 누진통은 번뇌를 의미하며 누진은 번뇌를 모두 소진한 것을 일컫는다. 누진통을 성취한 성인은 고통의 근원이 되는 번뇌를 소멸시켜 고통에서 완전하게 벗어난 상태에 이른 존재이다.

『화엄경(華嚴經)』

『대방광불화엄경』의 약칭이다. 『화엄경』은 대승불교의 중요한 경전이다. 대승불교의 종합학습서라고 말할 수 있다. 석가모니불이 처음 깨달았을 때의 경지를 설하고 또한 그 경지에 도달하는 방법을 설한 경전이라고 전한다. 『화엄경』은 그 내용이 방대하기 때문에 다 읽기 힘들다. 그래서 짧게 요약한 것이 『화엄경』 「약찬게」이다.

또한 『화엄경』의 본래 명칭에 있는 대방광불은 한량없이 크고 넓은 시공간을 초월하는 절대적 부처를 말하는데, 이 부처에 해당되는 존재가 바로 청정법신 비로자나불이다.

『화엄경』의 중심사상은 일체유심조(一切唯心造)이다. 이 일체유심조는 모든 것은 오로지 마음이 지어내고 만들며 조작한 것이다. 이는 마음이 생기면 모든 존재와 것들은 물론, 만물이 창조되나, 반대로 마음이 없어지면 모든 존재와 것들, 그리고 만물 또한 멸함을 의미한다.

그러면서 만법유식(萬法唯識)과 마찬가지로 우리들의 마음과 의식을 떠난 일체의 것들은 존재할 수가 없으며, 그렇기에 우주 자연 만물 등 모든 것들의 주인이자 본체이며 곧 주체이자 핵은 바로 마음을 의미하는 것이다.

불교기(佛敎旗)

각 나라와 단체마다 자신들을 상징하는 기(旗)가 있듯 불교도 기가 있다. 각종 불교 행사 때 단상에 장엄되어 있거나 하늘을 펄럭이는 불교기(佛敎旗)다. 청·황·적·백·주황 등 다섯 가지 색을 가로와 세로 3:2 비율로 배치했다.

이 색깔은 부처님이 보드가야에서 성도(成道)했을 때 미간백호에서 5가지 빛을 발했다는 데서 유래했으며, 자비원만한 상호를 나타내기도 한다. 옆으로 그은 선은 부처님의 가르침을, 아래로 내려 그은 선은 부처님 가르침이 영원히 변함없다는 뜻을 각각 나타내고 있다. 또한 불교기 바탕색은 세계 인종의 색을 상징하고, 영겁토록 인류가 화목하길 발원하는 자비를 의미한다는 해석도 있다.

청색은 귀의(歸依)를 상징한다. 마음이 흐트러지지 않고 부처님 법을 구하는 정근을 나타내기도 한다. 황색은 지혜를 상징한다. 변하지 않는 굳건한 마음을 나타내기도 한다. 확고부동한 부처님에 대한 믿음 또한 여기에 비유된다. 적색은 자비를 상징한다. 항상 쉬지 않고 수행에 힘쓰는 정진을 나타내기도 한다. 백색은 청정을 상징한다. 깨끗한 마음으로 온갖 번뇌를 맑히는 것을 뜻한다. 주황색은 정열을 나타낸다. 수치스러움과 그릇된 길로의 꾐에서 잘 견뎌 이기는 인욕을 상징한다. 부처님의 성채를 두른 가사색을 의미하기도 한다.

시타림(尸陀林)

시다림은 시체를 버리는 추운 숲이라는 뜻으로 마가다국의 왕사성(王舍城) 부근에 있던 숲으로, 시체를 버리던 곳이다. 우리나라에서는 죽은자를 위해 장사지내기 전에 설법하고 염불하는 의식을 말한다.

"시달림을 받는다" 타인으로부터 곤욕을 치르거나 괴로움을 받는 것을 '시달림 받는다.'라고 한다. 시달림이라는 말의 어원을 거슬러 올라가면 불교의 시타림(尸陀林)에서 유래됐다.

『사분율』에 따르면 "시타림은 중인도의 마갈타국 국사왕 북쪽에 있는 숲이었다."라고 기록하고 있다. 이 숲은 요즈음 공동묘지로서 성안에 사람이 죽으면 이곳 시타림에 버렸다. 따라서 시타림는 공포의 장소였으며 질병이 무성한 곳이었다. 후일 나라에서는 이 시타림에 악성 죄인들을 추방시켜 살게 하기도 했다.

불교에서 시타림은 수행의 장소로 사용되기도 했다. 불교에서는 사람이 사망하면 그 사람을 위해 시다림 법문을 해 준다. 이는 죽음 직후의 영가에게 경전을 염송해 줌으로써 극락왕생을 축원하는 것이다. 이후 시다림이란 공포스러운 장소의 의미가 '죽은 자를 위한 큰 법문'으로 변화된 것이다.

천룡팔부(天龍八部)

불법을 지킨다는 천신과 용신 등 8명의 호법신을 합쳐 부르는 불교 용어로 팔부중, 팔부신장, 팔부신중이라 불린다. 일반적으로 천룡팔부는 불국세계를 지키는 8명의 선신(善神)을 통칭하는 말이다. 신들이라는 의미로 팔부중, 혹은 신이면서 장군이라는 의미로 팔부신장이라고 부르기도 한다. 천룡팔부와 팔부중은 천신과 용신 외에 다른 6명의 신을 합친 신들을 묶어서 부르는 이름이라는 점에서 같다.

팔부중은 하늘· 용· 야차· 건달바· 아수라· 가루라· 긴나라· 마후라가이다. 인도 각지에 있었던 다양한 토착신이 불교가 발전하면서 부처님의 법과 불국토를 수호하는 선신(善神)으로 수용되었다. 고대 인도의 신들로 인도식 옷을 입은 모습이었지만 서역을 거쳐 중국과 한국으로 유입되면서 투구와 갑옷을 갖춰 입은 무장(武將)의 형태를 취하게 되었다. 불법을 수호하는 호법(護法) 신장에 적합한 외형으로 변모된 것이다.

자재천왕(自在天王)

자재천왕은 인도 불교의 외도(外道)인데 대천세계를 주재하는 신이다.

눈은 셋, 팔은 여덟이며, 흰 소를 타고 흰 불자(拂子)를 들고 있다. 원래 인도 브라만교에서 만물 창조의 신으로 큰 위엄과 덕망을 지녔다. 또 일 넘 사이에 대천세계의 빗방울의 숫자를 다 헤아려 안다고 한다.

화엄회상에서 법을 설하기도 하고, 혹은 법을 듣기 위하여 구름처럼 모여온 대중들을 소개하는 일을 한다. 부처님이 보리수 아래에서 깨달음을 얻고『화엄경』이 설해지기 위해서 화엄회상의 청중인 보살들과 무수한 신들이 화엄회상에 모였다.

자재천왕은『화엄경』제1권에서는 '상수 대중들의 명호와 함께 모두 모양 없는 법을 관찰하여 행하는 바가 평등하다'라고 소개되어 있다. 제2권에서는 대자재천왕들이 성취한 해탈문을 소개하고 해탈경계를 보이고 있다.

삼법인(三法印)

불교의 근본 교의 중 하나로 세 가지 진리라는 뜻으로 제행무상(諸行無常), 제법무아(諸法無我), 열반적정(涅槃寂靜)을 일컫는다. 십이처나 사대, 오온과 같은 그러한 일체는 모두가 무상하고 괴롭고 무아인 것이라고 한 부처님의 교설을 함축적으로 정리한 세 가지 명제를 불교에서는 삼법인이라고 부른다. 이 삼법인은 소승불교에 있어서 불교가 외도(外道)와 다른 점을 분명히 나타내기 위해 밝힌 교의이다.

제행무상인은 온갖 물(物)·심(心)의 현상은 모두 생멸 변화하는 것인데도 사람들은 이것을 불변·상존하는 것처럼 생각하기 때문에 이 그릇된 견해를 바로 잡아주기 위해 무상(無常)하다고 말하는 것이다.

제법무아인은 우주 만유의 모든 법은 인연에 의해 생긴 것이라 실로 자아라고 할 수 있는 실체가 없는 것인데도 사람들은 아(我)에 집착하여 잘못된 견해를 갖기 때문에 이를 바로잡아 주기 위해 무아라고 말한다. 열반적정인은 생사윤회의 모든 고통에서 벗어나 열반적정의 이상세계를 말한다. 이 세 가지 법으로 부처님의 말씀과 외도의 말을 판정하는 기준으로 삼는다.

삼법인을 남방불교에서는 모든 것이 변한다는 제행무상, 모든 변하는 것에 자아라는 실체가 없다는 제법무아, 모든 변하는 것은 괴로움을 낳는다는 일체개고(一切皆苦) 세 가지를 말한다. 북방불교에서는 일체개고 대신 모든 괴로움을 없앤 열반적정을 넣기도 하는데 이 네 가지를 합하여 사법인(四法印)이라 부르기도 한다.

사성제(四聖諦)

불교 중심교리의 하나로 네 가지 가장 훌륭한 진리라는 뜻으로 줄여서 사제라고도 한다. 석가모니 부처님이 깨달음을 얻은 지 얼마 안 되어 인도 바라나시 근교의 녹야원에서 행한 최초의 설법 내용이다. 이 4가지 진리는 종파를 불문하고 모든 불교 교단에서 보편적으로 받아들여지고 있다. 사성제는 네 가지의 성스러운 진리라는 뜻으로, 고(苦), 집(集), 멸(滅), 도(道)를 가리킨다. 이 사바세계는 고통(苦)이며, 고통의 원인(集)은 욕망이고, 고통을 소멸(滅)하기 위한 길(道)을 통해 열반에 이르러야 한다는 석가모니 부처님의 가르침이다.

고제는 현실 세계의 참 모습을 설명하는 것으로 범부 중생의 현실 세계는 모두가 괴로움이라는 것이다. 인간은 생·로·병·사의 사고(四苦)를 기본적으로 갖고 있다. 이러한 괴로움의 근본이 되는 색·수·상·행·식(色受想行識)의 오온(五蘊)에 집착하는 괴로움 등 팔고(八苦) 속에서 윤회 애착하게 된다는 것이다.

집제는 현실 세계의 모든 괴로움의 원인을 설명하는 것으로, 갈애·무명·번뇌의 애욕 집착 때문에 십이인연으로 한없이 윤회 전생하게 된다는 것이다.

멸제는 온갖 괴로움을 멸하고 무명·번뇌를 멸하는 것으로 이가 곧 열반이요, 해탈이다. 열반과 해탈의 세계가 곧 불교가 추구하는 이상세계이다.

도제는 괴로움과 무명·번뇌를 멸하고, 열반·해탈을 얻어 십이인연을 자유자재하는 방법을 말한다. 이러한 방법을 팔정도라 하는데, 곧 정견(正見)·정사유(正思惟)·정어(正語)·정업(正業)·정명(正命)·정정진(正精進)·정념(正念)·정정(正定)의 실천 수행을 말한다. 이 사성제 중에서 고제와 집제는 유전(流轉)하는 인과세계이고, 멸제는 깨달을 목표 곧 이상을 말하며, 도제는 열반에 이르는 방법 곧 실천의 수단이라 한다. 이 사성제는 석가모니 부처님께서 녹야원에서 다섯 비구에게 설한 최초의 설법 내용이라고 전해오고 있다.

팔정도(八正道)

불교에서 깨달음의 경지인 열반에 이르기 위해 수행해야 하는 여덟 가지 덕목을 말한다. 초기 불교의 경전인 『아함경』에는 불교의 중요 교리로 사성제와 팔정도가 제시되어 있다. 여기에서 열반에 이르는 길인 도제(道諦)에는 여덟 가지의 수행 덕목이 있는데, 이것이 바로 팔정도이다.

우리나라의 불교는 대승불교권에 속하지만, 불교를 믿는 사람은 무엇보다도 먼저 이 팔정도에 의하여 수행하고 생활하도록 되어 있다. 여덟 개의 부분으로 이루어진 성스러운 도(道)라는 의미이다. 팔정도는 욕락과 고행 등의 극단을 떠난 중도(中道)이며, 올바른 깨침으로 인도하기 위한 가장 합리적인 올바른 방법으로 되어 있다.

정견(正見)은 바른 견해이며, 불교의 바른 세계관과 인생관으로서의 인연과 사상제에 관한 지혜이다. 정사유(正思惟)는 몸과 말에 의한 행위를 하기 전의 바른 의사 또는 결의를 가리킨다. 정어(正語)는 바른 언어적 행위이다. 진실하고 남을 사랑하며 융화시키는 유익한 말을 하는 일이다. 정업(正業)은 바른 신체적 행위이다. 살생·투도·사음을 떠나서 생명의 애호, 시여자선(施與慈善 : 자비로 베풂), 성도덕을 지키는 등의 선행을 하는 일이다. 정명(正命)은 바른 생활이다. 이것은 바른 직업에 의하여 바르게 생활하는 것이지만 일상생활을 규칙적으로 하는 것이기도 하다. 정정진(正精進)은 용기를 가지고 바르게 노력하는 것이다. 정념(正念)은 바른 의식을 가지고 이상과 목적을 언제나 잊지 않는 일이다. 정정(正定)은 정신통일을 말하며 선정(禪定)을 가리킨다.

팔정도는 삼법인, 사성제, 12연기와 함께 불교의 기본적 근본 교의가 되는 것이다. 이 팔정도는 중생을 미혹 세계인 이곳에서 깨달음의 세계인 피안으로 건네주는 힘을 가지고 있어 배(船)나 뗏목(筏)으로 비유되기도 한다.

십이인연(十二因緣)

불교의 중요한 기본 교리의 하나로 중생 세계의 삼세에 대한 미(迷)의 인과를 열두 가지로 나누어 설명하는 것이다. 과거에 지은 업에 따라서 현재의 과보를 받고, 현재의 업을 따라서 미래의 고(苦)를 받게 되는 열두 가지 인연을 말한다. 중생과 세계가 생겨나는 이치를 말한 것으로 모든 것은 인연으로부터 일어났다가 인연이 다하면 멸한다는 뜻이다. 연기의 법칙은 "이것이 있으면 저것이 있고 이것이 없으면 저것도 없다"라고 하는 이것과 저것의 두 개 항목에 대해서 그 두 가지가 연기관계 (緣起關係)에 있다고 하는 상태를 나타내는 것이다.

① 무명(無明)은 미혹의 근본이 되는 무지. ② 행(行)은 무지로부터 다음의 의식작용을 일으키게 되는 동작. ③ 식(識)은 의식작용. ④ 명색(名色)은 이름만 있고 형상이 없는 마음과 형상이 있는 물질 곧 사람의 몸과 마음. ⑤ 육입(六入)은 안·이·비·설·신·의의 육근. ⑥ 촉(觸)은 육근이 사물에 접촉하는 것. ⑦ 수(受)는 경계로부터 받아들이는 고통, 또는 즐거움의 감각. ⑧ 애(愛)는 고통을 버리고 즐거움을 구하려는 마음. ⑨ 취(取)는 자기가 욕구하는 것을 취하는 것. ⑩ 유(有)는 업(業)의 다른 이름. 다음 세상의 과보를 불러올 업. ⑪ 생(生)은 몸을 받아 세상에 태어나는 것. ⑫ 노사(老死)는 늙어서 죽게 되는 괴로움.

십이인연은 석가모니 부처님이 깨달은 내용이다. 원시불교의 전통적인 해석은 삼세양중(三世兩重) 인과설이다. 무명과 행을 과거 2인(因)으로 식·명색·육입·촉·수를 현재 5과(果)로 애·취·유를 현재 3인(因)으로, 생·노사를 미래 2과(果)라 해서 삼세를 말하는 것이다.

십이인연은 과거, 현재, 미래가 상관하여 끊임없이 순환하면서 각각 하나의 온전한 삶을 이루고 있음을 보여주는 것이다.

사대(四大)

불교에서 인간의 육신을 비롯한 일체의 물질을 구성하는 지·수·화·풍(地水火風)의 네 가지 원소를 말한다. 불교에서는 우주의 모든 물질은 사대의 이합(離合)이나 집산(集散)으로 생겨나기도 하고 없어지기도 한다고 했다. 지(地)는 굳고 단단한 성질을 바탕으로 만물을 유지하고 지탱하며, 수(水)는 습윤을 성질로 하여 만물을 포용하고 모으는 작용을 하며, 화(火)는 따뜻함을 성질로 하여 만물을 성숙시키고, 풍(風)은 움직이는 것을 성질로 하여 만물을 생장시키는 작용을 한다고 보았다.

이 지수화풍 사대가 모였다 흩어졌다 하면서 모든 생명은 변화한다. 사대가 모이면 생명체가 나타나고 사대가 흩어지면 생명체도 사라지기 마련이다. 사람도 바람이 먼저 나가고 다음에 화가 빠지고 물로 돌아가고 마지막에 한 줌 흙으로 돌아간다.

아뇩다라삼먁삼보리

가장 완벽한 깨달음을 뜻하는 말이다. 무상정등정각(無上正等正覺)이라는 뜻으로, 이보다 더 위가 없는 큰 진리를 깨쳤다는 말이다. 모든 무명번뇌를 벗어버리고 크게 깨쳐 우주 만유의 진리를 확실히 아는 부처님의 지혜라는 말로서, 삼세의 모든 부처님이 깨치게 되는 최고의 경지를 말한다.

부처님께서 깨달은 모든 진리를 가리키며, '바른 평등' 또는 '원만'이라는 뜻이다. 보리란 부처·성문·연각이 각각 그 과보에 따라 얻는 깨달음을 말한다. 곧 부처의 깨달음은 더이상 위가 있을 수 없는 최상이며, 바르고 평등하며 완벽하다는 뜻이다. 부처 이외에도 깨달음은 있을 수 있으나 무상정등각은 오로지 부처의 깨달음만을 뜻하므로 비교할 대상도 없다.

더 이상의 위가 없는 적절하고도 동등한 깨달음을 말한다. 더 이상의 위가 없으니 무상(無上)이요, 적절하고도 동등하니 정등(正等)이며, 깨달음이니 각(覺)이기에 '무상정등각(無上正等覺)'이라 한다. 아뇩다라삼먁삼보리의 의미를 풀어쓰면 "더 이상의 것이 존재하지 않으며, 끝없는 바

름을 통해 얻게 되는 바른 것으로서, 여래와 동등한 수준의 깨달음"이
된다.

여래십호(如來十號)

여래십호란 석가모니 부처님을 표현하는 열 가지 거룩한 칭호로 수행
함으로써 달성될 수 있는 궁극의 경지인 것이다. 여래가 지닌 공덕의 모
습을 표현한 것으로 십종통호, 여래명호라고도 한다. 석가모니의 공덕
상을 일컫는 열 가지 이름으로 즉 여래(如來)·응공(應供)·정변지(正遍
知)·명행족(明行足)·선서(善逝)·세간해(世間解)·무상사(無上士)·조어
장부(調御丈夫)·천인사(天人師)·불세존(佛世尊)이다. 여래십호 각각의
의미는 다음과 같다.

첫 번째 여래(如來)는 모든 부처님과 같은 길을 걸어서 그와 같이 이 세
상에 오신 분이란 뜻이다. 두 번째 응공(應供)은 온갖 번뇌를 끊어서 인
간과 천인으로부터 마땅히 공양을 받을 만한 덕을 갖춘 사람이란 뜻이
다. 세 번째 정변지(正遍知)는 부처님은 일체의 모든 지혜를 두루 갖추
셨기 때문에 세계와 우주의 모든 물질과 마음의 현상에 대해서 모두 다
아신다는 뜻이다. 네 번째 명행족(明行足)이란 말의 의미는 부처님은 계
정혜 삼학을 두루 구족하여 무상정변지를 얻었다는 뜻이다. 다섯 번째
선서(善逝)는 부처님께서는 생사의 세계를 벗어나서 열반의 저 언덕에
잘 가셨으므로 다시는 생사의 바다로 돌아오시지 않는다는 뜻이다. 여
섯 번째 세간해(世間解)는 부처님께서는 참다운 깨달음을 성취하셨기
때문에 능히 세간의 모든 일을 다 아신다는 뜻이다. 일곱 번째 무상사
(無上士)는 부처님은 일체중생 가운데서 가장 높아서 위가 없는 대사라
는 뜻이다. 여덟 번째 조어장부(調御丈夫)는 부처님은 대자(大慈)·대비

(大悲)·대지(大智)로써 중생을 대하시며 부드러운 말, 간절한 말, 또는 여러 가지 말을 써서 중생들을 잘 통제하여 올바른 길을 잃지 않도록 잘 인도하신다는 뜻이다. 아홉 번째 천인사(天人師)는 부처님은 하늘과 인간의 스승이라는 뜻이다. 열 번째 불세존(佛世尊)의 불(佛)은 깨달은 사람 즉 각자(覺者)라 번역하며, 세존(世尊)은 세상에서 가장 존귀하다는 뜻이다.

『법구경(法句經)』

『법구경』은 부처님 열반 후 약 300년이 지난 후인 B.C. 2세기경 구전되어 오는 부처님 말씀을 총 26장 423편의 시구(詩句)로 엮은 불교 초기 경전이다.

『법구경』은 불교의 수행자가 지녀야 할 덕목에 대한 경구로 이루어져 있다. 주요 내용은 폭력, 애욕 등을 멀리하고 삼보에 귀의하여 선한 행위로 덕을 쌓고 깨달음을 얻으라는 것이다. 판본에 따라 내용이 조금씩 차이가 있으나 한역(漢譯)『법구경』은 서문과 39개의 품(品)으로 이루어져 있다.

『법구경』은 불경 중에서 전 세계적으로 많이 읽히는 경전이다. 가르침의 조각들, 진리의 길, 진리의 말씀 등으로 번역할 수 있다. 후대에 나온『반야심경』이나『법화경』같이 철학적이고 개념적인 면보다는 짧게 서술된 시(詩)들로 구성되었음이 가장 큰 특징이다. 그래서 비불교도에게는 삶의 의미를 알려주는 격언이라고 할 수 있고, 불교도들에게는 쉽고 간결한 시로써 불교에 입문할 수 있게 도와주는 책이라고도 할 수 있다.

초기 경전은 부처님의 설법을 가장 쉬운 언어로 또 종이가 없었던 당시 암송하기 좋은 운문의 형식으로 남아 있었다. 이는 종교적, 철학적으로 접근하기보다는 심리적 위안을 받고 싶을 때 누구나 꺼내고 읽을 수 있는 그런 불교 경전이 『법구경』이다. 불교에 대해 잘 모르지만 마음이 번잡하여 어딘가로 피안하고 싶을 때 가벼운 마음으로 펴들고 읽으면 어머니의 품에 안긴 것처럼 따뜻한 위로가 있는 책이 『법구경』이다.

관세음보살(觀世音菩薩)

관세음보살은 불교에서 구원을 요청하는 중생의 근기에 맞는 모습으로 나타나 대자비심을 베푼다는 보살이다. 관자재보살 또는 줄여서 관음보살이라고도 한다. 고통에 허덕이는 중생이 일심으로 그 이름을 부르기만 하면 즉시 그 음성을 듣고 달려와 자비심으로 구제해주는 보살로, 현세이익 신앙의 대표적인 경배 대상이다. 보통 머리 위에 화불을 가지고 있거나 천관을 쓰고 왼손에 연꽃을 들고 있는 모습인데, 천수관음·십일면관음 등 다양한 모습으로 나타나기도 한다. 관세음보살은 무량수전 아미타불의 협시보살로 모시거나 원통전·관음전에 별도로 모셔져 있다.

불교의 보살 가운데 가장 널리 알려진 보살로, 중생의 소리를 듣고 어디든지 몸을 나투어, 고통과 어려움에서 구제해주는 보살이다. 관자재보살로도 많이 부른다. 지장보살과 함께 불교 2대 보살이고, 문수보살과 보현보살까지 합해서는 불교 4대 보살이라고 일컫는다.

관세음보살은 불교의 핵심 가치의 하나인 자비를 대표하는 보살로써, 관련 경전은 『천수경』과 『반야심경』, 『법화경』의 「관세음보살보문품」이다. 특히 「관세음보살보문품」은 『관음경』이라고 불릴 정도로 관세음보살에 대한 모든 것을 알려준다.

예로부터 관세음보살은 인도 남동쪽 해안에 있는 보타낙가산의 굴속에 살고 있다고 알려져 왔다. 관세음보살은 중생을 근기에 따라 제도하기 위해서, 다양한 모습으로 바꾼다고 한다. 이를 응신이라고 하는데, 보통 33가지의 몸을 가진다고 한다.

미륵보살(彌勒菩薩)

현재는 보살이지만 다음 세상에 부처로 나타날 것이라고 불교에서 믿고 있는 미래의 부처님이다. 미륵보살은 흔히 자씨보살(慈氏菩薩)로도 불린다.

용화수 아래에서 석가모니 부처님이 제도하지 못한 모든 중생을 제도할 부처님으로 수기를 받았다. 미륵보살 신앙 또는 미륵 신앙은 미륵보살이 이 세상에 미륵불로 출현하여 세상을 구원한다는 신앙이다.

인도 파라나국의 브라만 집안에서 태어나 석가모니의 교화를 받고, 미래에 부처님이 될 수기를 받은 후 도솔천에 올라갔다고 한다. 석가모니 부처님은 현세에 있어서 진리에 눈뜬 현세불이다. 진리는 영원한 과거에서 미래영겁에 이르기까지 결코 변하지 않는 불멸의 것으로 믿었다.

미륵은 현재는 보살인 채, 그 정토인 도솔천에서 천인을 위해 설법을 하고 있지만, 석가모니의 예언에 따르면 그 목숨이 인간 나이로 56억 7천 만년이 되었을 때 이 인간계로 하생하여 용화수 밑에서 성불하고, 세간의 수명이 8만 세가 될 때 이 사바세계에 태어나서 화림원 안의 용화수 아래서 성불하여 3회의 설법으로 272억인을 교화한다고 하였다.

미륵 부처를 모신 법당을 특별히 용화전 또는 미륵전이라고 한다. 또한 일반적으로 가부좌를 틀고 앉아 있는 보통 불상들과 달리, 미래에 중생을 구제하기 위해 명상을 하는 반가상이나 중생을 구제하기 위해 설법

하러 갈 때 움직이기 쉽도록 서 있는 입상이나 걸터앉은 모습의 좌상을
주로 취하고 있다.

03
진리를 설한 땅 사르나트

다섯 비구를 교화하다 | 이제 전법의 길을 떠나라 | 삼보(三寶)가 성립되다
진리는 항상 진리인 것이다 | 중도(中道)를 설하다 | 네 가지의 온전한 진리를 설하다
팔정도(八正道)를 설하다 | 최초로 교단이 성립되다 | 가섭 삼형제를 교화하다

사르나트는 석가모니 부처님께서 최초로 설법을 하신 곳입니다. 우리는 녹야원(鹿野園)이라고도 부릅니다. 바라나시에서 13km 북동쪽으로 떨어져 있습니다. 부처님의 첫 설법지로 4대 성지중 하나입니다. 부처님 전생 설화중에 금빛 사슴 왕의 이야기가 서린 보살행의 땅이기도 합니다.

　부처님께서 깨달으신 보드가야에서 약 250km의 먼 길을 걸어오시어 다섯 비구에게 첫 설법을 하신 곳입니다. 과거 고행을 할 때 함께했던 다섯 수행자를 찾아 이곳에 오신 부처님은 이들을 첫 제자로 맞이하셨습니다. 야사와 그 친구들이 귀의하여 규모 있는 교단이 되고 야사의 부모님이 첫 재가불자가 된 이곳에서 부처님은 역사적인 전도선언을 하셨습니다.

　바라나시는 아리안들이 지금으로부터 2,700여 년 전 이동하여 정착하기 시작했습니다. 갠지스강 중하류에 있는 도시이고 힌두교도들이 성지로 여기는 7개 도시 중 한 곳이기도 합니다. 이곳 갠지스강에 몸을 씻으면 죄가 사해진다고 힌두교도들은 믿고 있습니다. 바라나시는 흔히 베나레스라고 불렀는데, 오랫동안 카시라는 나라의 수도였습니다. 바라나시는 '영적인 빛으로 충만한 도시'라

는 뜻입니다. 이처럼 바라나시는 영적으로 인도인에게 중요한 도시이고 인도의 축소판이라고 해도 과언이 아닙니다. 연간 100만 명 이상의 순례자가 찾아올 정도입니다.

영국의 오랜 식민통치하에서도 민족정신과 문화를 그대로 지켜낸 자긍심을 갖고 있는 도시로, 아직도 고대도시의 형태가 고스란히 남아 있음을 자랑하고 있습니다. 눈에 띄는 모습은 낙후되어있는 듯 보여도 정치적으로는 굉장한 영향력을 갖고 있습니다.

바라나시는 브라흐만 교도들의 성지로 간주 된 곳입니다. 불전(佛典)에 보면 벌써 원시불교 시대에 바라나시는 특별한 의의가 있는 성지로서 인정받고 있었습니다. 그 교외에는 '사슴의 동산(鹿野苑)'이라고 불리는 동산이 있었고, 거기에 많은 수행자가 모여 살고 있었습니다.

부처님은 깨달으신 후 고행에 전념하고 있을 옛 벗들에게 당신이 깨달으신 진리를 설하시기 위해서 먼저 이곳을 찾아왔던 것입니다. 사르나트는 녹야원(鹿野園, 사슴공원)이란 의미입니다. 사르나

| 녹야원의 사슴들

트는 불교에 있어서 매우 중요한 의미와 상징성을 갖는 불교 성지입니다. 불교 역사가 여기서 시작되었기 때문입니다.

부처님께서는 보드가야의 보리수 아래인 금강보좌에서 무상대도인 정각을 이루었지만, 자신의 깨달음을 혼자만의 즐거움으로 할 것인지 아니면 남에게도 베풀 것인지에 대한 심각한 고민을 했습니다. 깨달음에 대한 점검과 동시에 이런 깨달음의 사회화에 대한 망설임 속에 있을 때, 하늘에서 권청(勸請)의 향연 소리에 부처님은 전법륜을 결심합니다.

불교 역사가 시작되는 순간입니다. 혼자만의 깨달음으로 만족했다면 정각을 이룬 부처님은 있을 수 있지만, 불교 역사는 존재할 수 없었을 것입니다. 부처님께서는 보드가야에서는 법륜을 굴리지 않고, 사르나트까지 오게 된 것은 그의 최초 고행 시절 도반이었던 5비구를 만나기 위해서였습니다. 깨달음을 이룬 다음, 사문의 길에 처음 들어섰을 때, 자신에게 명상을 지도한 두 스승을 관(觀)해 보았는데 이분들은 이미 열반에 들고 이 세상에 없었습니다. 다음은

5비구가 보드가야에서 작별할 때 바라나시 사르나트 간다는 말을 들었기 때문에 길을 나선 것입니다.

갠지스강에서 13km 정도 동북쪽의 거리에 위치한 숲 사르나트로 부처님은 묵묵히 이들을 향해서 걸어가기 시작했습니다. 5비구를 만나서 최초의 설법을 하고 이들을 제자로 받아들이고 불교공동체인 승가(僧伽)가 결성되고, 법륜(法輪)을 굴리면서 불교 역사가 시작되었던 것입니다. 이런 역사적 대(大)사건이 일어난 이 장소가 바로 사르나트(녹야원)인 것입니다. 부처님은 최초의 설법에서 고집멸도인 사성제, 중도, 삼법인과 연기법을 설한 것으로 전해 오고 있습니다.

부처님은 5비구에게 최초의 설법을 하여 승가 공동체를 형성하고, 최초로 안거(安居)인 우기(雨期)를 여기서 보내게 되었습니다. 이후 이 지방 유력한 사람의 아들인 야사와 그의 친구들이 출가함으로 인하여 약 60명의 비구로 불어난 승가로 성장했습니다. 60명의 승가 공동체가 형성되면서 공동체의 규범이 되는 계율(戒律)이 제정되기 시작했습니다. 그 후 사르나트에는 승원이 더욱 커져서 많은 수의 비구들이 수행 공동체를 형성했습니다.

7세기 당나라 구법승 현장 스님이 이곳 사르나트의 성지를 찾았을 때,

"1천 5백 명의 소승 비구들이 수행 공동체를 형성하고 있었고, 승원은 상당히 규모가 크고 지붕은 금으로 장식되어 있고, 법당 중앙에는 부처님이 법륜을 굴리는 소상이 있었다."

| 사르나트 박물관에서 가장 유명한
굽타시대의 초전법륜상이다

라고 『대당서역기』에서 언급하고 있습니다. 바라나시 주위를 둘러 본 현장 스님은

"이 지역에는 모두 30여 개의 승원과 3천 명의 비구들이 수행하고 있었다."

라는 기록을 남겼습니다. 이렇게 불교가 흥성했던 곳이 12세기 말경 이슬람에 의해서 파괴되는 운명을 맞고 말았습니다. 이슬람은 1천 개의 불교, 힌두교 사원을 파괴했고, 3세기 동안 암흑기를 거쳐서 아프칸의 점령 이후인 13세기부터 다시 사원들이 복원되기 시작했지만, 대부분이 힌두사원이었습니다.

신라의 승려 혜초 스님도 8세기 초 바라나시를 방문했습니다. 그

때 당시 천축국 여행은 '떠날 때는 100명이나 돌아온 자는 한 명도 없다.'는 말이 있을 정도로 험난한 여정이었습니다. 도착한 당시 바라나시의 모습을 그의 여행기 『왕오천축국전』에서 다음과 같은 기록으로 남겼습니다.

"이 나라는 황폐화하여 왕도 없다. 구륜(九輪)을 비롯하여 다섯 제자 비구의 소상(塑像)이 안치된 탑을 보았다. 사자상(獅子像)이 있는 석주(石柱)가 있는데, 크기가 다섯 아름이나 되는데 특히 무늬가 섬세하다. 탑을 만들 때 석주도 함께 만들었다. 절 이름은 달마작갈라(達磨斫葛羅)다. 외도인 시바교의 일파인 파수파타파들은 옷을 입지 않고 몸에 재를 바르며 대천(大天, 시바)을 섬긴다. 며칠 걸려 바라나시에 이르렀다. 이곳에는 부처의 다섯 제자의 모습이 새겨진 탑이 있다. 또 사자가 올라타고 있는 돌기둥이 있는데 그 돌기둥은 대단히 커서 다섯 아름이나 되고 무늬가 섬세하다"

혜초 스님 이외에 신라에서 출발해 인도에 들어가 승려들이 여럿이 있었습니다. 처음에는 중국까지만 가려다가 인도까지 가게 된 것인지 알 수 없지만, 불교 신도들의 인도에 대한 열망을 알 수 있습니다.

이후 사르나트는 역사의 전면에서 사라졌다가 19세기 영국의 고고학자인 '커닝 햄'이 1871년 고고조사국 장관이 되어 인도의 유적과 유물을 발굴할 때 발견되었습니다. 이후, 실론 출신 인도 불교 성지 복원 운동을 펼친 다르마팔라에 의해서 제 모습을 찾게 되었습니다.

선묵혜자 스님과 함께 부처님 성지에서 배우는 불교 上

다섯 비구를 교화하다

　작은 씨앗이 싹을 틔우고 자라서 큰 나무가 되어 넓은 그늘을 만들듯이, 처음 골짜기에서 시작하여 졸졸 흐르던 냇물이 강이 되고 바다가 됩니다. 한 그루의 나무 밑에서 부처님의 설법이 시작되어 45년간 법륜이 구른 뒤, 마침내 북쪽으로 동쪽으로 흘러서 오늘날 전 아시아, 전 세계에 부처님의 법이 전파된 첫 출발지가 바로 이곳 사르나트입니다.

　부처님은 바라나시에 도착하여 걸식을 하신 후 다섯 비구가 수행하고 있는 녹야원으로 갔습니다. 다섯 비구는 부처님이 자기들 쪽으로 오는 것을 보고 좋아하지 않았습니다. 멀리서 부처님이 오는 것을 보고 그들은 서로 말했습니다.

　"벗들이여! 수행자 고타마가 오고 있다. 그는 타락한 자로서 고행을 싫어하여 사치스런 생활로 되돌아갔다. 우리는 그에게 인사를 해서도 안 되고, 일어서서 영접해서도 안 되고, 그릇이나 옷을 받아서도 안 된다. 단지 그가 앉을 자리만은 비워 둬 앉고자 하면 앉을 수 있게 하자."

| **녹야원 승원터**
최초로 설법한 사르나트 녹야원의 승원터

　그러나 부처님이 점점 가까이 다가오자 그들은 자신들의 약속을 잊어버리고 일어나 부처님을 영접했습니다. 다섯 비구는 모두 친절하게 부처님을 맞이했습니다. 어떤 사람은 나아가 발우를 받들었고, 어떤 사람은 부처님이 앉을 자리를 만들고, 또 다른 사람은 물을 길어다 발 씻을 준비를 하였습니다. 부처님으로서 지니게 된 위력이 자연히 그들 다섯 사람이 그렇게 하도록 한 것이었습니다. 부처님은 조용히 마련된 자리에 앉으셨습니다.

　다섯 비구는 무언가 이상한 힘에 충격을 받은 것은 사실이지만, 아직 그 옛 친구를 부처님으로 모시는 존경심은 없었습니다. 아직도 부처님을 타락한 사람이라고 생각하는 것이 그들의 심정이었습니다. 오래된 불전에는 그와 같은 호칭에 관한 이야기가 실려 있습니다. 그러한 공손하지 않은 다섯 비구의 인사에 대하여 부처님은 이렇게 말했습니다.

| 녹야원에서 5비구에 초전법륜

"비구들아, 여래를 부를 때, 그 이름을 부르거나 또는 친구 아무 개 이렇게 말해서는 안된다. 여래는 실로 응공자(應供者, 공양을 받을 만한 사람)이기 때문이다. 비구들아, 귀를 기울여 들으라. 불사(不死)가 내 것이다. 너희들에게 가르쳐 줄 것이다. 이 가르침대로 수행하면 머지않아 이 세상에서 무상한 청정행을 달성하여 출가한 목적을 이룩하게 될 것이다."

그때 다섯 비구는 물었습니다.

"고타마 싯다르타여, 그렇지만 당신은 그 난행(難行, 어려운 수행)으로도 초인(超人)의 법인 거룩한 지견(知見)을 얻을 수가 없지 않았는가? 그런데 지금 고행을 버리고 욕심 있는 상태로 되돌아가, 어찌 초인의 법인 성지견(聖知見)을 열 수 있었겠는가?"

부처님은 두세 번 같은 말로 설명했지만, 다섯 비구는 듣지 않았습니다.

"비구들이여, 내가 지금까지 이런 말로 그대들에게 이야기한 일이 있던가?"

이렇게 물으시면서 부처님은 깨달은 이의 독특한 성격을 온화하고 평안하게 하고 그들을 교화시켰습니다. 부처님의 사자후(獅子吼)를 제일 처음 터득한 제자가 교진여입니다. 교진여가 진리의 눈을 뜨자 대지가 진동하고 사방에 광명이 비쳤습니다. 기뻐하는 천인들의 함성이 들리고 부처님도 기쁨을 감추지 않으셨습니다.

다섯 비구는 5일간 부처님의 설법을 듣고 모두 아라한(阿羅漢)이 되었습니다. 교진여를 비롯한 다섯 명의 수행자들이 부처님의 법을 듣고 최초의 제자가 된 것이 불교계 최초의 역사입니다.

이제 전법의 길을 떠나라

초전 법륜지라는 수식어가 앞서는 사르나트, 이 유서 깊은 성지는 녹야원은 말 그대로 '사슴동산'이라는 예쁜 이름의 성지입니다. 예전에 부처님 시대에 이곳은 많은 수행자가 즐겨 찾는 수행처였습니다. 이유는 대도시였던 바라나시에서 시체를 버려두는 시타림이었기 때문입니다. 흰 천에 둘둘 말아서 버린 시체들이 썩어가는 숲이었기 때문에 사람들이 잘 오지 않고 또 삶의 무상함을 깨닫는 데에도 좋은 환경이었습니다.

부처님과 함께 고행을 하던 다섯 수행자는 부처님께서 고행을 그만둔 것을 보고 부처님을 떠나 이곳 사르나트(녹야원) 부근으로 와 있었습니다. 마침내 큰 깨달음을 이루신 부처님께서는 이 위대하고 깊은 진리를 누구에게 전할 수 있을까 고민했습니다. 과거의 스승들도 떠올렸지만 이미 세상을 떠난 뒤임을 알고 그다음으로 함께 고행하던 다섯 수행자를 떠올렸습니다. 그것이 600리 먼길을 달려오신 이유입니다.

부처님께서 가르침으로 한 명, 또 한 명 깨달음의 아라한을 성취

| 부처님이 설법하신 장소 다르마라지카 수투파

| **초전법륜상,**
　파키스탄, 뉴욕메트로 박물관 소장

할 때마다 부처님은 무엇보다 크게 기뻐하셨습니다. 그렇게 여러 날을 거쳐 불법을 이해한 첫 비구 다섯 명이 세상에 탄생합니다. 역사적인 삼보(三寶)의 성립, 즉 불교 교단의 출현입니다. 뒤이어 '야사'라는 귀족 청년의 출가를 통해 50명의 친구도 뒤를 잇고 야사의 부모님까지 최초의 재가 신도가 되면서 불교라는 거대한 흐름이 드디어 세상으로 나아가기 시작합니다. 이 모든 이야기가 담겨 있는 곳이 사르나트(녹야원)입니다.

"비구들이여, 나는 신과 인간의 모든 굴레에서 벗어났다. 그대들 또한 신과 인간의 모든 굴레에서 벗어났다. 자! 이제 법을 전하러 길을 떠나라. 많은 사람의 이익을 위해, 많은 사람의 행복을 위해, 현실 속에서 구체적인 이익과 안락을 주기 위해 속히 떠나라. 마을로 들어갈 때는 홀로 스스로 갈 것이요, 두 사람이 함께 가지 마라. 비구들이여, 중생을 위해 설법할 때는 자비로운 마음을 갖고 항상 처음과 중간과 끝을 모두 올바르게 말해서 의미가 분명하여 의심이 없도록 하라. 그리고 수행자들은 항상 청정한 행동을 보여주어야 한다. 세상에는 때가 덜 묻은 사람들이 있다. 그들은 법을 듣지 못하면 퇴보하겠지만 들으면 분명 진리를 깨달을 것이다. 나 또한 우루벨라로 가리라."

부처님께서 제자들에게 당부하신 이 말씀을 우리는 전도대선언(傳道大宣言)이라고 합니다. 부처님의 '전도명령'을 받은 비구들이 여쭈었습니다.

"설법을 듣고 출가를 희망하는 사람들이 있을 때 어떻게 해야 합

| 초전법륜지 사르나트 전경

니까?"

"머리를 깎여 가사를 입히고 가죽 신발을 벗게 하고 오른쪽 무릎을 땅에 꿇고 합장케 한 다음 '아무개가 불법승 삼보(三寶)에 귀의합니다. 이제 여래가 계신 곳에서 출가하오니 여래, 응공, 등정각, 붓다를 제가 받들어 모시고자 합니다.'를 세 번 외우도록 하고 구족계를 주도록 하여라."

삼보(三寶)가 성립되다

　사르나트(녹야원)에 대한 지명 이야기는 부처님의 전생 이야기가 담긴 『본생담』에 나타납니다. 부처님이 전생에 '니그로다'라는 사슴 왕으로 태어났습니다. 당시 브라흐마 왓다라는 폭군이 사슴을 매일 한 마리씩 잡아 오라는 명령을 내렸습니다. 언제 죽을지 몰라 불안한 사슴들은 차라리 순서를 정해 한 마리씩 스스로 단두대에 올라가 죽기로 했습니다. 어느 날 임신한 암사슴의 순서가 되자 황금빛깔의 니그로다 사슴이 대신 단두대에 올랐습니다. 브라흐마 왓다 왕은 니그로다 사슴에게

　"왜 스스로 죽기를 자처하느냐?"

　고 묻자 니그로다는 암사슴이 임신한 사실을 말했습니다. 왕은 이에 감탄해 어떤 동물도 살생하지 않을 것을 약속하고 사슴들을 모두 풀어 주었는데 그곳이 녹야원입니다.

　처음으로 교진여가 깨달음을 얻었고 부처님이 나머지 네 수행자를 위해 각자에게 맞는 방편으로 가르침을 설하시는 동안 교진여는 6명이 먹을 음식을 얻어왔습니다. 발제리카, 바사파가 차례로

| 부처님이 설법하신 장소 다르마라지카 수투파

깨달음을 얻게 되었습니다. 정각을 이룬 세 사람이 마을로 걸식하러 가면 아직 법안이 열리지 않은 두 수행자는 부처님의 가르침을 받는 것에만 힘을 쏟았습니다. 세 사람이 걸식한 밥을 부처님과 함께 여섯 사람이 공양하였습니다. 마침내 마하나마, 앗사지가 차례로 깨달음의 경지에 이르렀습니다. 이렇게 다섯 수행자가 모두 부처님 법안에서, 부처님 법에 의지해 살아갈 것을 다짐하고 부처님께서 이를 받아들였습니다.

불(佛), 법(法), 승(僧) 삼보(三寶)가 성립되는 순간입니다. 삼보는 스스로 깨달은 이 '붓다(佛)', 깨닫지 못한 이를 위한 깨달은 이의 가르침인 '다르마(法)', 깨달은 이의 가르침을 듣고 깨달은 이를 '승(僧)'이라 하며 이러한 수행자 공동체를 상가라고 합니다.

부처님이 깨달음을 얻었어도 전법을 하지 않았거나, 설법했을 때 그것을 알아듣는 사람이 없었다면 지금까지 전해질 수 없었을 것입니다. 초전법륜 성지 사르나트는 이렇게 삼보(三寶)가 처음으로 성립된 곳이라서 불교에서 성스럽게 여기고 있습니다.

| **녹야원의 판차이탄 사원**
싯달타 태자를 떠나간 다섯 비구가
수행하던 곳이다

　그러면 부처님은 왜 이렇게 먼 길을 오신 것일까요? 보드가야에서 깨달음을 얻고 나서 부처님은 잠시 생각에 잠겼습니다. 자신은 스스로 깨달았지만, 이 법을 제대로 알아들을 수 있는 사람이 누가 있을까? 지나가는 사람에게 말한다고 쉽게 알아들을 수 있는 내용이 아니었습니다. 듣는 사람의 마음이 청정하여 번뇌가 적고 지혜로워야 부처님 말씀을 듣고 바로 깨달음을 얻을 수 있다고 생각했습니다. 부처님은 스승인 웃다카라마풋타와 알라라칼라마를 떠올렸습니다. 하지만 그들이 모두 죽어 전법을 할 수 없게 되자 출가 후 함께 수행했던 다섯 비구를 생각하고 다섯 비구가 있는 사르나트(녹야원)로 향했습니다.

　부처님은 사르나트에서 다섯 명의 수행자들에게 부처님께서 깨달으신 중도의 길을 말씀하셨습니다. 부처님의 설법을 '바퀴를 굴린다'는 뜻으로 전법륜이라고 하는데 사르나트는 처음으로 설법한 곳이라는 뜻으로 초전법륜 성지라고 부릅니다.

진리는 항상 진리인 것이다

부처님께서 깨달으신 진리, 그리고 부처님이 그 일대기에 걸쳐 제자들에게 가르친 진리를 다르마라고 하며, 그것을 번역하여 법(法)이라고 합니다. 경전에서 말하기를

"부처님의 말씀은 처음이나 중간이나 마지막이나 언제든지 좋으며, 그 의미와 문자가 완전하고 한결같으며, 남김 없고 또 순수하다."

라고 하였습니다. 성도한 이후 열반에 이르기까지 부처님께서 말하고 가르친 모든 것은 조금도 틀림이 없는 참된 것이라는 말입니다. 부처님은 깨달은 분이십니다. 그는 일체의 부정(不淨)을 온전히 제거해 버린 각자(覺者)이기 때문에 신이나 인간을 훨씬 능가하는 독보의 존재였던 것입니다. 부처님의 가르침은 공개적이었으며 조금도 비밀이 없었습니다. 부처님은 빛 중의 최선의 빛으로 모든 중생을 그들에게 알맞은 방식으로 해탈하도록 인도하였습니다. 제자들에게 열반이 어디에 있으며 그리로 가는 길이 어떤 길인가를 가르치셨습니다. 그러나 길손들이 그 지시대로 가느냐 안 가느냐 하는 것은 길손들 자신에게 달려 있는 문제이지, 부처님에게 달린 일

| 30여 개의 승원과 3천 명의 비구들이 수행한 녹야원

은 아니었습니다.

부처님께서 증득한 진리에 중도(中道)와 연기(緣起)에 관한 것이 있습니다. 그러나 이 진리는 결코 부처님께서 만들어 낸 진리가 아닐뿐더러 더욱이 어떤 다른 사람이 그것을 만들어 낸 것도 아닙니다. 그 법은 부처님이 있건 없건 그와는 관계없이 살아있는 진리인 것입니다. 많은 초기 경전에

"성자가 이 세상에 나타났건, 안 나타났건 사물에 속하는 본성은 그냥 그대로 남아 있는 것이다."

라고 기록하고 있습니다. 뿐만아니라 부처님은 당신이 깨달으신 법을 존숭하였습니다. 부처님은 보리수 밑에서 성도한 후 며칠이 지나, 이 세상에서 그가 받들고 봉사할 만한 수행자가 없는가 하고 찾아보았습니다. 그러나 자기보다 탁월한 사람을 아무도 발견할

수 없었던 부처님은 『잡아함경』에

　"스스로 그가 깨달은 법을 공양과 존숭과 봉사의 대상으로 삼았다."

　라고 기록되어 있습니다.

중도(中道)를 설하다

부처님의 가르침의 가장 중요한 부분은 바라나시에서의 최초의 설법 속에 포함되어 있습니다. 이 최초의 설법을 초전법륜이라고 말합니다. 법륜이라 함은 부단히 살아있는 진리를 수레바퀴을 돌린 것이고, 그것을 돌렸다는 것은 곧 법을 설한다는 뜻이 되는 것입니다. 이 최초의 설법에서 다섯 비구에게 맨 처음 가르친 것은 향락적 생활이나 지나친 금욕적 고행이 다 피해야 할 두 극단이란 교훈입니다.

"비구들아! 두 가지 극단이 있으니 출가자들은 결코 가까이해서는 안 된다. 하나는 여러 가지 애욕에 빠져 그것을 즐기는 것이니, 그것은 열등하고 세속적이고 범부의 짓이고 성스럽지 못하고 이익되는 바가 없다. 다른 하나는 스스로를 괴롭히는 짓에 빠져 고통스러워하는 것이니, 그것도 성스럽지 못하고 이익되는 바가 없다. 비구들아! 여래는 이 두 가지 극단을 버리고 중도(中道)를 원만히 잘 깨달았다. 중도는 눈을 뜨게 하고 앎을 일으킨다. 그리고 고요함과 수승한 앎과 바른 깨달음과 열반에 도움이 된다. 그리고 비구들아!

| 사르나트에서 부처님 중도와 연기법을 최초로 설하다

여래가 원만히 잘 깨달았고, 눈을 뜨게 하고 앎을 일으키고, 고요함
과 수승한 앎과 바른 깨달음과 열반에 도움이 되는 중도란 어떤 것
인가. 그것은 여덟 가지 성스러운 길을 말하는 것이니, 정견. 정사
유. 정어. 정업. 정명. 정정진. 정념. 정정이다. 비구들아! 이것이 여
래가 원만히 잘 깨달았고 열반에 도움이 되는 중도이다.”

향락적 쾌락주의가 수행의 바른길이 아닌 것은 다섯 비구도 이
미 잘 아는 사실이었습니다. 하지만 아직까지 그들은 고행주의에
사로잡혀서 그것이 최고의 길이기나 한 듯이 생각하고 있었습니
다. 그러므로 우선 그들에게는 이와 같은 중도의 교훈이 절실히 필
요했을 것입니다. 그 알맹이는 다름이 아니라 바로 팔정도였던 것

입니다. 부처님은 이후에도 이 중도를 언급하였습니다. 더 나아가 두 계열의 극단을 버리는 것이라고 설명한 일도 있습니다.

"세속에 있어서 피해야 할 두 가지 극단은 빈궁과 부유이며, 출가에 있어서 피해야 하는 두 극단은 브라흐만의 고행단식과 차르바카의 향락적인 쾌락주의다. 이 두 개의 극단은 모두 다 피해야 하는 것이다."

라고 가르친 것입니다.

네 가지의 온전한 진리를 설하다

　　부처님께서는 네 가지 온전한 진리 사성제를 설하셨습니다. 이때 상황을 『전법륜경』에는 다음과 같이 기록하고 있습니다.

　　"비구들아, 이것은 고통에 관한 온전한 진리(苦聖諦)다. 생(生)도 고(苦)요, 노(老)도 고요, 병(病)도 고요, 사(死)도 고다. 원한 있는 자와 만나지 않으면 안 되는 것이 고요, 사랑하는 사람과 헤어지지 않으면 안 되는 것이 고요, 구하나 얻어지지 않는 것도 고다. 요약해 말하면 번뇌 위에 뿌리박고 있는 이 몸이 있다는 것이 고다. 비구들아, 이것은 고의 원인에 관한 온전한 진리다. 새로운 생을 거듭 유발하고, 환락과 탐욕을 수반하여 여기저기로 욕락을 찾아다니게 하는 것은 갈애다. 환락의 갈애, 생존의 갈애, 그리고 무상의 갈애가 그것이다. 이 갈애는 집착에서 온다. 비구들아, 이것은 고의 멸에 관한 온전한 진리다. 욕망을 완전히 소멸시킴으로써 모든 집착을 떠나는 것이다. 비구들아, 이것은 고의 멸에 이르는 길에 관한 온전한 진리다. 즉 그것은 정견(올바른 믿음), 정사(올바른 의사), 정어(올바른 말), 정업(올바른 행동), 정명(올바른 생존수단), 정정진(올바른

| 네 가지 온전한 진리 사성제를 설하다

노력), 정념(올바른 기억), 정정(올바른 명상)의 여덟 가지 바른 길이다. 비구들아, 이 사성제는 지금까지 아무도 가르친 바 없는 나 스스로 증오한 법인데, 나는 이 법에 의해서 마음의 눈을 열고, 지혜를 낳았고, 빛을 낳았다."

이 사성제는 최승의 법이라고 불리는 것으로서 그 광대한 부처님 교설의 요점이 다 이 속에 있는 것입니다. 이 세상은 고통 속에 잠겨 있다는 진리(苦諦), 그리고 그 고통에는 원인이 있는데 그 원인은 탐욕과 시기와 질투, 분노 및 어리석음의 셋으로 종합되는 무명(無明)의 마음이라는 진리(集諦), 고통의 소멸에 관한 진리(滅諦)와 고통의 소멸을 가능케 하는 실천도덕에 관한 진리(道諦)로 인간이 그 고통을 제거하고 본래 청정무구한 그 본성으로 돌아가는 인과관계를 의미하는 것입니다.

부처님은 이 네 가지 온전한 진리를 깨닫고 선포함으로써 인도

사회의 정신사 위에 새로운 기원을 이룩하였습니다. 부처님은 인간을 횡포한 브라흐만교 사제들의 올가미 속에서 구출하여, 운명의 길을 걷는 것이 아니라 자유로운 창조 활동을 해 나갈 수 있는 확실한 가능성과 용기를 북돋아 주었습니다.

부처님께서는 인간이 할 수 있는 일이 단순히 브라만에 의지하여 그들에게 재물을 바치고 그들이 집행하는 제사의 혜택만을 기대하는 그런 무기력한 일뿐일 수 없음을 알게 한 것입니다. 사성제의 설법을 통하여 부처님이 처음으로 가장 강하게 가르친 것은 인간의 실천적 윤리 생활입니다.

팔정도(八正道)를 설하다

  부처님께서는 녹야원(鹿野苑)에서 다섯 비구에게 설하신 최초의 설법에서도 팔정도를 설하셨고, 45년 동안 고구정녕 팔정도를 설하셨습니다.

  "해탈을 원한다면 팔정도를 수행하라. 팔정도를 수행하면 틀림없이 기쁨과 평화 그리고 지혜를 얻게 될 것이다."

  팔정도는 문자 그대로 불교의 바른 중도행이고, 실천론입니다. 팔정도는 중생의 고통의 원인인 탐, 진, 치를 없애고 해탈하여 깨달음의 경지인 열반의 세계로 나아가기 위해서 실천 수행해야 하는 여덟 가지 길 또는 그 방법인 것입니다.

  부처님은 팔정도를 발견한 길이라고 말씀하십니다. 부처님 당신이 팔정도를 만들거나 발명했다고 하지 않으십니다. 팔정도는 도성제(道聖諦)에 들어가는 진리입니다. 진리는 누가 만들 수 있는게 아닙니다. 누가 만들었다면 진리가 아니라 무상하기 그지없는 한낱 제작품이 되는 것입니다. 팔정도는 과거, 현재, 미래의 어느 부처님 시대에도 반드시 있는 진리입니다. 부처님이 팔정도를 다시

| 사르나트 녹야원의 봉헌탑

발견하시고 널리 알리셔서 우리 모두 그 길을 걸을 수 있게끔 이끌어주신 것입니다.

깨달음에 이르는 수행방법이 팔정도입니다. 미혹의 세상을 건너는 여덟 가지 올바른 길입니다. 곧 정견(正見) 정사(正思) 정어(正語) 정업(正業) 정명(正命) 정정진(正精進) 정념(正念) 정정(正定)으로 사성제가 진리라면 팔정도는 그 진리를 향한 실천적 수행법입니다.

"수행자들이여! 괴로움을 통찰하고 괴로움의 발생을 통찰하고 괴로움의 소멸을 통찰하고 괴로움의 소멸로 가는 길을 통찰하는 것 이것을 수행승들이여! 올바른 견해라고 부른다. 올바른 사유는 욕망을 여읜 사유는 감각적 쾌락인 오욕락의 유혹과 위험을 알고 거기에서 벗어나야 한다. 내가 행복해지길 바라듯이 모든 중생이 행복해지길 바라는 마음에서 시작되어야 한다. 자애와 연민이 합쳐진 자비의 실천으로 완성된다. 거짓 말을 자주하면 자신이 거짓 말하는 줄도 모른다. 거짓말은 탐진치에서 시작된다. 분노로 인해

| 깨달음에 이르는
수행방법 팔정도(구미 도리사)

거짓말을 하게 되면 사람을 해치게 된다. 마음에서 시작되는 거짓말은 무서운 것이다. 입으로 나오게 되면 업이 된다. 진실한 말만 하라. 모든 살아있는 것은 고통을 싫어한다. 그들에게도 삶은 사랑스러우므로 그들의 존재 속에서 너 자신을 인식하여 괴롭히지도 말고 죽이지도 말아라. 부끄럼이 없이 철면피하고 무례하고 대담하고 죄악에 오염된 사람의 생활은 쉽다. 부끄러움이 있고 항상 청정을 구하고 집착없이 겸손하여 정정한 생활을 영위하는 식견 있는 사람의 생활은 어렵다. 세상에서 선남자는 근면한 노력으로 얻고 완력으로 모으고 이마의 땀으로 벌어들인 여법한 법으로 얻어진 재산을 지닌다. 수행승들이여! 여기 수행승은 아직 생겨나지 않은 불건전한 악한 상태들이 생겨나지 않도록 의욕을 생겨나게 하고 노력하고 정근하고 마음을 책려하고 정진한다. 올바른 마음 챙김은 몸에서 몸을 관찰하고 느낌에서 느낌을 관찰하고 마음에서 마음을 관찰하고 법에서 법을 관찰하면서 세상에 대한 욕심과 싫어하는 마음을 버리고 근면하게 분명히 알아차리고 마음 챙기며 머무는 것이다. 바른 선정은 마음 챙김 마음집중을 통해 마음이 바른 삼매의 상태에 들어 고요한 청정과 기쁨에 머문다. 명상의 과정에서 올바른 집중은 선하고 건전한 마음의 상태에서 집중할 뿐만 아니라 사물을 있는 그대로 분명히 마음 챙김을 수반하며 해탈 계기로 작용한다. 선정이 깊어지면 욕망과 분노가 잠자는 정서적 해탈을 얻게 되고 지혜의 눈이 열린다.”

부처님께서는 모든 가르침이 진리를 추구한다는 점에서는 같지만 불교에는 해탈 열반에 이르는 구체적이고 확실한 길이 있다고 말씀하셨습니다. 그것이 팔정도입니다.

최초로 교단이 성립되다

부처님께서 바라나시 교외에 있을 때 그 도시의 한 부유한 상인의 외아들로 야사라는 청년이 있었습니다. 영화를 누리며 환락이 계속된 생활 속에서도 그의 머리를 사로잡은 것은 인생의 참화(慘禍)와 무상이었습니다. 그는 부처님이 태자일 때 느꼈던 것과 같은 괴로움을 느꼈습니다.

어느 날 밤 세상을 떠나고 싶은 마음이 고조에 달해, 무덤처럼 여겨지는 탐욕의 집을 뛰쳐나와 성문을 넘고 교외에 나서자, 이상스럽게도 그 발길이 녹야원 쪽으로 향해졌습니다. 날은 아직 밝지 않았으나 부처님은 그 일대를 거닐고 있었습니다. 야사는 그냥 '위험해, 위험해' 이렇게 소리치며 부처님 있는 곳까지 달려갔습니다. 부처님은 야사라는 청년에게 보시(布施)에 관한 이야기, 계율의 이야기, 천상계에 태어나는 이야기 등을 하여 청년의 마음을 점차 가라앉혔습니다. 이 세상에서 욕심이 얼마나 큰 화를 가져 오는가, 그리고 욕심을 버리고 수도를 하는 것이 얼마나 이로운 것인가 하는 이야기를 차례로 하였습니다. 야사의 마음이 어느 정도 준비된 후에

| 아잔타 석굴 제1굴의 벽화 '야사의 출가 장면'

사성제의 법을 설하였습니다. 야사는 깨끗한 옷이 곱게 물들 듯이 법의 빛깔로 물들어 진리를 보는 눈이 생겼습니다.

야사가 집을 나갔다는 사실이 아침 녘에 알려지자, 그 부모와 온 집안 식구들은 놀라 사방팔방으로 그 행방을 찾아다니게 되었습니다. 마침내 강가에 벗어놓은 야사의 신발을 보고 강을 건너 고행림에 있는 부처님과 야사를 만나게 되었습니다.

아버지는 야사를 집으로 데리고 가려고 설득하지만, 야사의 굳은 마음을 알고는 그냥 돌아갈 수밖에 없었습니다. 집에 돌아온 아버지는 어머니와 부처님의 설법을 듣고 최초로 재가 신자가 되었습니다. 그를 삼보에 귀의한 최초의 우바새(남자 재가신도)라 합니다. 다음날 야사의 집으로 초대받은 부처님은 야사의 어머니와 아내를 우바이(재가 여신자)로 받아들였습니다. 야사의 부모는 수행자가 된 아들과 부처님을 집에 모셔 공양 올리며 큰 말씀을 듣고 그들은 삼귀의를 맹세하고 최초의 재가 남자 신도(우바새)와 여자 신도(우바이)가 되었습니다. 야사의 부모는 다음과 같이 맹세했습니다.

선묵혜자 스님과 함께 부처님 성지에서 배우는 불교 上

| 불교교단의 성립
야사 부모의 출가로 최초의 교단이 설립되다

　"오늘부터 목숨이 다할 때까지 불·법·승 삼보에 귀의하겠습니다."

　그리하여 부처님이 야사의 부모인 구리가 장자 내외분에게 설법
한 것이 재가자들을 위한 첫 법문이었습니다. 출가 수행자에게 보
시하고 재가불자로 십선계(十善戒)를 지키며 가난한 사람에게 선행
(善行)을 베풀면 궁극적으로 하늘에 태어날 것이라는 법문이었습
니다. 이때 구리가 장자는 부처님께 절을 하며

　"위대하셔라, 세존이시여! 위대하셔라, 세존이시여! 마치 넘어진
자를 일으켜 세우심과 같이, 덮인 것을 벗겨내심과 같이, 길을 잃고
헤매는 자에게 길을 가르쳐 주심과 같이, 눈이 있는 자가 볼 수 있
도록 어두운 밤에 등불을 비쳐 주심과 같이, 어리석은 저희를 위해
좋은 법문으로 깨우쳐 주셨습니다. 저는 오늘부터 거룩한 부처님
(佛)께 귀의합니다. 거룩한 가르침(法)에 귀의합니다. 거룩한 승단
(僧)에 귀의합니다. 부처님이시여 저희 부부를 재가불자로 받아주
소서, 저희 부부는 목숨이 다하는 날까지 불법승 삼보님께 귀의하

| 불교교단의 성립
교단의 성립으로 불교가 종교로서의 위상을 갖추었다

겠습니다."

하며 기쁜 마음을 노래하였습니다. 이렇게 삼보에 귀의하자 부처
님께서는 오계를 설하셨습니다. 이것이 삼귀의와 오계의 첫 번째
원형이라고 말할 수 있습니다. 이렇게 해서 최초의 우바새, 우바이
가 탄생했습니다. 이 소식을 들은 야사의 친구인 무구(無垢), 선비
(善臂), 덕승(德勝), 우왕(牛王) 등 네 명도 야사를 따라 출가하였고
다른 일단의 친구들 50명도 또한 야사의 권고에 의해 부처님의 제
자가 되었습니다. 이리하여 그들은 부처님의 가르침을 지켜 법대
로 수행하여 깨달음을 얻었습니다.

이로써 부처님의 제자는 61명이 되었습니다. 이때 부처님은 이
제자들에게 각지를 유행(遊行)하여 부처님의 가르침을 전하게 하
였습니다. 바라나시에서 60명의 제자를 아라한으로 만든 부처님은
그들을 모아놓고 이른바 전도선언(傳道宣言)을 합니다.

"비구들아, 내가 사람과 천인(天人) 일체의 굴레로부터 벗어난 것
과 마찬가지로, 너희들도 또 사람과 천인의 모든 기반으로부터 벗

어 났다. 비구들아, 세상 사람들을 불쌍히 여기고, 그들의 안락을 위해서 유행(遊行)하라. 둘이서 한 길을 가지 말라. 처음도 좋고 중간도 좋고 끝도 좋으며, 뜻과 글이 다 갖추어진 진리를 널리 전하라. 모두 원만하고 맑은 청정한 행을 가르쳐 보이라. 세상에는 더러움이 적은 사람들도 있는데, 법을 듣지 못하면 망할 것이지만, 그들은 법을 요해(了解)할 것이다."

이는 부처님이 내려놓음을 얼마나 철저하게 실천했는지를 보여주는 사례입니다. 부처님의 인생 목적이 오직 최대한 많은 중생의 평화와 행복에 있음을 말해줍니다. 교단을 만든 이 중 최초의 제자들을 각자 다른 길로 가게 만든 다음, 자신 또한 혼자 '외롭게' 길을 떠난 경우가 어디 있는가? 부처님이 유일하지 않을까 싶습니다.

가섭 삼형제를 교화하다

　최상의 깨달음을 이루신 부처님이 두 번째로 향한 곳은 다시 처음 고행을 하던 곳이었습니다. 고행림(苦行林)이라고도 불리던 네란자라강 기슭에는 당시에 무려 2만 명의 고행자들이 가득했습니다. 겨울이면 강바닥도 다 말라버리는 풍경이 혹독한 고행으로 마른 수행자들처럼 보입니다. 부처님께서 전법 선언 직후 홀로 찾아가신 우루벨라 마을은 그 강의 상류에 있었습니다. 그곳에서 제자들과 함께 기도하는 우루벨라 가섭은 120세의 성직자로 나라에서 가장 존경받는 사람이었습니다.

　35세의 젊은 부처님이 제자가 500명이나 되는 수행자를 찾아간 사건은 매우 유명합니다. 부처님은 하룻밤 묵어갈 곳을 부탁하니 방은 없고 불을 뿜는 독룡이 사는 동굴이라도 괜찮으면 재워주겠다 합니다. 이건 얼른 돌아가라는 말이었지만 부처님은 좋다고 하셨습니다. 그날 밤, 동굴에서는 독룡이 불을 뿜고 포효하는 소리가 끊이질 않았습니다.

　우루벨라 가섭은 '아까운 젊은이가 한 명 죽는구나!'라고 생각하

| **우루벨라 가섭의 귀의**
우루벨라 삼형제의 귀의로 부처님 교단의 위상이 올라갔다

며 아침을 맞았습니다. 그러나 죽은 줄 알았던 청년이 평온한 얼굴
로 아침 인사를 건넵니다.

"혹시 독룡은 어찌 되었나?"

"하도 시끄러워 작은 도마뱀처럼 만들어 두었다."

며 발우 그릇 속 독룡을 보여 주었습니다. 젊은 부처님의 신통력
이 대성자였던 우루벨라 가섭을 압도했다는 전설 같은 이야기입니
다. 120세를 헤아리는 우루벨라 가섭은 당시 가장 큰 나라의 왕이
었던 빔비사라 왕도 받들어 모실 만큼 제일가는 수행자요 성직자
였습니다. 출가한 제자들만 500여명, 그를 숭배하는 일반 평민들은
또 얼마나 많겠습니까. 때문에 그는 온 삶을 걸고 혹은 목숨도 걸고
젊은 수행자와 대결을 한 겁니다.

우루벨라 숲과 가야를 연결하는 네란자라 강변에 첫째 동생이
살고 있었습니다, 그는 강가에 살았으므로 나디 가섭이라고 불렸
습니다. 그에게는 300명의 제자가 있었습니다. 그 하류의 가야에는

둘째 동생이 살고 있었고, 그 이름을 가야 가섭라고 했으며 그에게도 200명의 제자가 있었습니다. 모두가 배화교도이며 고행자였고 결발(結髮, 머리를 길게 늘어뜨림)을 하고 있었으므로 결발 행자라고 불렸습니다. 배화(拜火)라는 것은 불의 신 아그니를 받드는 것이었습니다. 수행방법으로는 고행을 일삼았다는 것밖에는 더 알려져 있는 것이 없습니다. 다만 그들 삼형제의 교리는 온화한 것이었던 모양이고, 업보의 도리를 믿고 있었던 관계로 부처님의 가르침으로 전향시키기가 그다지 어려운 것은 아니었던 것 같습니다.

가섭 삼형제는 그 위대함을 인식하기 시작했고, 부처님을 계속해서 숲속에 머물러 있도록 했습니다. 그동안에 부처님은 여러 가지 이상한 기적들을 나타냈습니다. 어느 날 밤에는 사왕천이 그리고 어느 날 밤에는 제석천이 또는 범천이 부처님으로부터 법을 들었습니다. 그때마다 숲속에 두루 환한 빛이 가득 차 가섭 삼형제를 놀라게 하였습니다. 또 어떤 때에는 멀리 가서 그 지방의 독특한 과일을 따다 식사를 하고, 그 향기가 숲 전체에까지 충만하게 하였습니다. 또 어떤 때에는 숲 전체가 물로 가득 찼는데, 부처님 있는 곳에만 마른 흙이 남는 그런 일도 있었습니다. 또 어떤 때에는 물이 없는 곳에 연못이 나타나기도 하였습니다.

그 밖에 여러 가지 기적이 있어도, 가섭 삼형제는 이 사문이 훌륭하기는 하지만 아직 자신들에게는 미치지 못한다는 잘난 마음을 버리지 않았습니다. 그런 일이 자주 있은 뒤 마지막으로 부처님은 우루벨라 가섭에게

"카사파야, 너는 성자가 아니다. 또 성자가 되는 길도 발견하고 있지 못하다. 네 가르침은 성자가 되는 길이 아니다."

이렇게 책망을 하였습니다. 이 말씀에 우루벨라 가섭은 놀라 드디어 아만심을 꺾고, 500명의 제자와 같이 배화교의 제구(祭具)를 강에다 버리고, 길러 올렸던 머리를 자르고 부처님의 제자가 되었습니다. 그 강의 하류에 사는 나디 가섭은 물 위에 형의 제구가 떠내려오는 것을 보고 놀라서 와 보고, 자기도 출가하였습니다. 가야에 사는 그 밑의 동생도 마찬가지로 출가하여 불제자가 되었습니다. 그리하여 가섭 삼형제는 그 천 명의 제자와 더불어 모두 부처님의 제자가 되었던 것입니다.

우루벨라 가섭은 나라에서 제일가는 수행자입니다. 논쟁에서 졌든 신통력에서 졌든 짐짓 모른 척할 수도 있었습니다. 계속해서 만인의 존경을 받으며 여생을 남부럽지 않게 살 수도 있었습니다. 그러나 우루벨라 가섭 또한 진정한 수행자였습니다. 그는 한참 젊은 성인 앞에 진심으로 머리를 조아리며 승복합니다. 더 나아가 그의 제자가 되길 청합니다. 평생을 붙들고 살아온 신념이지만 그것이 해답이 아님을 알게 된 순간, 그는 올바른 진리를 다시 배우고자 발심을 한 것입니다. 부처님께서는 거대한 교단의 지도자이기도 한 그를 만류합니다.

"당신은 유명한 수행자이고 제자들이 이렇게 많은데 경솔히 처신하면 안 됩니다."

그러나 세 번의 만류에도 세 번을 거듭 청하여 마침내 그는 젊은

| 사르나트 사원터
  최초로 설법한 사르나트의 승원지 전경

부처님의 늙은 제자로 허락을 받습니다. 더이상 남부럽지 않게 모두 가진 그는 그 늦은 나이에도 구도심 하나로 모두 내려놓습니다. 어찌 이럴 수 있을까요. 최소한 이 장면에서는 부처님만큼이나 위대하고 존경받아야 할 인물이 우루벨라 가섭이라고 생각합니다.

부처님은 깨달음을 얻으면 설법해 주겠다고 했던 빔비사라왕과의 약속을 지키기 위해 라지기르로 길을 나서기로 했습니다. 부처님이 배화교에서 개종한 1,000명의 비구를 데리고 가야산을 넘어가다가 잠시 쉬던 때였습니다. 평생 불을 피우며 신을 모셔온 이들에게 부처님께서는 저 유명한 '불의 설법'을 설하십니다.

"비구들이여 온 세상이 불타고 있다."

우루벨라 가섭이 부처님께 합장하고 여쭈었습니다.

"온 세상이 불타고 있다니 무슨 말씀이신지요? 제 눈에는 불이 보이지 않습니다."

부처님은 미소를 지으며 말했습니다.

"탐욕의 불, 분노의 불, 어리석음의 불 때문이다! 그 까닭에 늙음, 질병, 죽음, 걱정, 슬픔, 고뇌의 불길이 치솟고 있는 것이다 비구들이여. 이것을 바로 관찰한다면 보고 듣고 맛보고 느끼는 모든 것에서 집착을 벗어나 마음의 해탈을 얻는다 탐욕의 불, 분노의 불, 어리석음의 불에서 벗어나 마음을 해탈한 이는 더 이상 윤회의 굴레에 속박되지 않는 진정한 자유를 얻을 것이다"

이때의 불의 설법이 온 세상 사람들에게 활활 타올라, 이제는 탐진치 삼독을 활활 불태워버리는 참으로 위대한 광명이 되었습니다.

사르나트의 불교 유적

부처님께서는 정각을 얻으신 후 7주간 명상에 잠기셨을 때 하늘에서 범천이 하강하여 그 크나크신 깨달음을 중생을 위하여 설법하여 주실 것을 간청하였습니다. 부처님께서 첫 설법의 대상으로 녹야원(샤르나트)에서 수행중인 교진여 등 5명의 수행자로 정하시고 보드가야로부터 걸어서 사르나트에 도착하셨습니다.

부처님에서 5비구를 중도, 4성제와 8정도를 설하심으로써 불법의 법륜을 최초로 굴리신 바로 그 장소에 아소카왕이 다메크 대탑을 건립하였습니다. 그 후 많은 사원이 조성되었으나 11C 이슬람교도들에 의해 파괴되고 오늘날의 모습으로 남게 되었습니다.

사르나트에는 승원(僧院)이 더욱 커져서 많은 수의 비구들이 수행 공동체를 형성했습니다. 7세기 당나라 구법승 현장 스님이 이곳 사르나트의 성지를 찾았을 때, "1천 5백 명의 소승(테라와다 상좌부) 비구들이 수행 공동체를 형성하고 있었고, 승원은 상당히 규모가 크고 지붕은 금으로 장식되어 있고, 법당 중앙에는 고타마 붓다가 법륜을 굴리는 소상이 있었다."라 고 『대당서역기』에서 기록하고 있습니다.

갠지스강

갠지스강은 '성스러운 강'이라는 뜻으로는 강가(Ganga)라고 부른다. 강 자체가 신격화되었고 여신 어머니인 강가로서 숭배되었다. 히말라야의 만년설의 강고트리에서 시작된 작은 물줄기가 인도 중북부 평야지대를 가로질러 남쪽으로 흐르다가 신기하게 북쪽으로 흘러 초승달 모양의 구부러진 곳이 바라나시라는 것이다. 성스러운 도시로 예로부터 인도문화의 중심지였다.

바라나시는 갠지스강을 빼놓고는 생각할 수 없는 도시다. 여기에서 시간은 강가의 윤회이다. 그 이유는 인도인에게 모든 죽음과 삶이 돌아 결국 갠지스강으로 통하기 때문이다. 바라나시 갠지스강은 인도 성지중에 가장 성스럽게 곳으로 여기기 때문에 인도 전역에 있는 힌두인들이 갠지스강에 몸을 담그기 위한 발길이 끊이지 않는다.

힌두교에 의하면 갠지스강의 성스러운 물에 몸을 씻으면 모든 죄가 사해지고 이곳에서 생을 마감하여 화장하고 그 재를 갠지스강으로 흘려보내면 윤회로부터의 해탈을 얻는다고 믿는다. 이것은 힌두교도들에게 최고의 행복이다. 하루에 만여 명이 갠지스강에 몸을 담근다. 물론 여기에서 생을 마감하려고 오는 순례자도 있다.

갠지스강 물 한 모금만 먹어도 수년간 쌓아온 나쁜 업이 사라지고 목욕을 하면 일 생 동안 잘못을 씻을 수 있어 다음 생애에 좋은 생이 되기를 염원한다. 그래서 인도인들은 죽음이 다가올 시간이 되면 바라나시로 와서 죽음을 기다린다.

갠지스강에서는 매일 시신을 태우는 행위를 볼 수 있다. 강물에 세 번 적신 다음 장작더미 위에 놓는다. 시신을 담그고 화장하는 이유는 그동안의 나쁜 업을 이곳에서 화장하면 해탈할 수 있다고 믿기 때문이다. 화장이 끝나면 뼈 가루를 강에 뿌리고 유족들은 그 물에 목욕을 한다. 갠지스강에서는 삶과 죽음이 하나이다. 삶과 죽음의 경계가 없음을 확인할 수 있다. 있음이 없음에 삼키는 죽음의 사건이 그렇다. 갠지스강에는 인간의 주체적 중심성을 허용하지 않는다.

다메크 대탑

다메크 대탑는 최초의 설법지를 기념하기 위해 아소카왕이 세운 탑이다. '진리를 굴린다.'라는 뜻이다. 기단부는 직경 28.5m, 높이는 43.6m에 달하는 거대한 탑이다. 아소카왕이 기원전 249년에 부처님의 사리를 봉안했던 탑이다. 기원후 500년경, 다시 건축된 탑으로 부처님의 활동을 기리기 위해서 보수하여 복원했다. 법안보탑이라 한다. 벽돌로 조성된 원통형 건물로 아소카 왕조 시대에 축조되어 굽타왕조 시대에 증축되었으나 지금은 윗부분이 붕괴되어 있다. 그 탑 뒤에 있는 아소카왕이 세원 석주의 기단부와 승원 터, 승방 등이 최근 발굴되었다.

1835년 '커닝 햄'이 탑의 중심부를 파내려 가던 중 정상의 91.4m 지점에서 브라흐미 문자로 법신게를 새긴 둥근 석판을 발견하였다. 6-7세기경에 만들어진 석판이라고 추정된다. 그 내용은 다음과 같았다.

"모든 것은 인연에 의해서 생겨난다. 인연이 다하면 사라진다. 나의 스승은 석가모니 부처님이시고 이것이 그분의 가르침이네"

지금은 없지만 남아 있는 8개의 감실에는 불상이 있었다고 한다. 아소카왕이 중생들이 색과 상으로 세상을 보는 것을 경계하여 진리를 마음으로 바로 보라는 뜻에서 이 대 탑을 조성하였다고 한다.

초전법륜상(初轉法輪像)

서기 4-6세기경 굽타시대의 아름다운 초전법륜상은 분홍색 사암으로 되어있다. 인도 불상의 백미라고 일컬어질 만큼 빼어난 아름다움을 가지고 있는 이 불상은 손은 설법인을 하고 있으며, 하단에는 최초의 다섯 비구와 최초로 삼보에 귀의한 야사의 어머니와 그 여동생이 조각되어 있다.

초전법륜상은 법륜을 굴리는 모습으로서 탄력적인 육감과 잔잔한 미소를 머금었다. 불상 하단에 두 마리의 사슴이 제자들과 함께 법문을 듣고 있는 조각은 녹야원을 상징한다. 4마리의 사자가 사방으로 왕의 권능을 나타내고, 그 밑의 바퀴는 법륜(法輪)을, 그 사이에는 4마리의 짐승(코끼리, 흰소, 말, 사자)이 조각되었는데 모두 부처님과의 인연을 상징한 것이다.

아소카 석주(石柱)

아소카 석주는 발굴 당시의 아소카 왕 사자 석주 돌기둥이 반토막으로 부서져 있고 위에 네마리 사자상이 놓여 있었다. 아소카왕은 부처님께서 다섯 비구에게 최초로 설법한 이 자리를 찾아와 그것을 기념하여 돌기둥을 세웠다.

반토막 난 아소카 석주에는 아소카 칙령이 각인되어 있는 승가의 화합을 강조한 것이 특징이다. "어떤 누구에 의해서도 승가가 분열되어서는 안된다. 비구든 비구니이든 승가를 분열하는 사람은 누구나 흰옷을 입혀서 승원이 아닌 곳에 살게 해야 한다."라는 글이 적혀 있다.

원래 아소카 석주도 15미터에 달했다지만 이슬람교도들에 의해 파괴되고 현재 2미터 정도만 남아 있다. 석주는 녹야원의 유리관 안에 보관되어 있다.

4사자상(四獅子像)

4마리가 사자가 등을 마주 대고 있다. 원형의 정판 측면에 부조된 동물도 세련된 기법으로 자연스럽게 표현되어 있다. 네 마리의 사자상(獅子像)으로 된 주두는 인도 미술

선묵혜자 스님과 함께 부처님 성지에서 배우는 불교 上

최고의 걸작으로서 마우리아기(期)에 속하는 가장 오래된 유물이다. 현재 인도의 국장(國章, National Emblem)으로 사용되고 있으며 인도 지폐의 도안에서도 찾아 볼 수 있다. 또한 수레바퀴 모양은 인도 국기의 중앙에 도안이 되어있을 정도로 인도인의 사랑을 받고 있다.

다르마라지카 대탑 터

이 대탑 터는 부처님이 처음 설법을 한 자리를 기념해 만든 탑으로 높이가 30m가 되었다고 하나 이제는 그 흔적만 남아 있다. 다메크대탑(초전법륜탑)보다 더 컸을 것으로 추정되며 벽돌로 이루어졌으며 탑 기단부 지름이 31.5m의 원형이다. 부처님이 이곳 나무 아래에서 다섯 비구에게 첫 설법을 한 것을 기념하며 불멸 200년 후 아소카왕이 세웠다.

이 탑은 1794년 이 지역 이슬람 군주였던 자카트싱이 자신의 저택을 짓기 위해 필요한 석재와 벽돌을 충당하기 위해 헐던 중에 고대문자가 새겨진 상자를 발견하였다. 그러나 이 문자를 해독하지 못하고 사리함에 있던 대리석으로 만든 사리호(사리병)에는 관심이 있어서 사리병에 담긴 내용물을 갠지스강에 버리고 사리함과 사리병만 보관하였다.

1798년 던컨이라는 사람이 이러한 사실을 세상에 널리 알리고 조사와 연구 끝에 부처님의 진신사리임을 알게 되었다.

영불탑(迎佛塔)

영불탑은 부처님의 탄생연도를 기원전 624년경으로 보는데 영불탑에 도착한 때가 35세로 기원전 589년경이 되어 우리는 지금으로부터 무려 2,500년 전 역사의 현장을 둘러보는 셈이다.

깨달음을 보드가야에서 이룬 부처님은 첫 설법의 대상을 찾아 한때 같이 공부했던 교진여를 비롯한 다섯 수행자가 머물고 있는 이곳 사르나트로 오게 된다. 이때 언덕 위에서 멀리 다가오는 석가모니를 보고서로 모른 척하기로 약속했던 다섯 수행자는 깨달은 성인만이 갖추게는 32상호를 보고 스스로 귀의하였다. 이때 부처님을 맞았던 곳(迎佛)에 만들어진 탑이 있다.

아소카왕이 부처님을 환영했던 자리라고 해서 그곳에 큰 스투파 영불탑(迎佛塔)을 세웠다. 부처님의 초전법륜지를 기념하기 위해서, 부처님이 다섯 제자를 처음 만나신 자리에 세운 것이다.

여래향실(如來香室)

부처님께서 머물렀던 여래향실은 향기가 가득한 방이다. 부처님이 계신 자리에는 사람들이 늘 꽃과 향을 공양해 향긋한 향냄새가 났으므로 여래향실이라고 한다.

부처님께서 머무시던 방을 근본여

래향실(물라간다쿠티)이라 하고, 법에서 향기가 난다고 해 법향(法香)이라 한다. 꽃의 향기는 바람을 타고 흐를 뿐이지만, 법향은 바람을 거슬러 퍼져 나간다. 성지에 가면 바로 이 향기를 맡을 수 있고 그 향기에 취할 수 있다. 이 향기는 코로 맡아지는 것이 아니다. 온몸으로 느끼는 것이다.

현재 남아 있는 부처님 여래향실은 이곳 사르나트 근본 여래향실과 영축산 설법지, 기원정사 간다쿠티 세 군데가 있다.

봉헌탑(奉獻塔) 터

사르나트 주탑 다르마차크라 주변에는 소형 봉헌탑이 조성되었다. 현재는 모두 파괴되고 기단만 남아 있다. 이것은 석가모니 부처님 이외에도 성문이나 연각과 함께 전륜성왕의 명복을 추념하기 위해 건립한 것으로 보인다. 조형의 특징은 원형기반의 반구형과 방형구조의 다층탑이 일반적이며, 사리는 매립하여 영구적으로 봉안하는 방식이 일반적이다. 대탑 주위에는 세계 각지의 불교도들이 건립한 봉헌탑도 있다.

신여래향실(무르간다쿠티 비하라)

무르간다쿠티 비하라는 70년대에 완상된 스리랑카 근대 불교의 아버지 다르마팔라를 기리기 위한 사원이다. 신여래향실이라 한다. 다르마팔라는 힌두교도에 의해 관리되고 있었던 많은 불교 성지 특히 보드가야 대보리사를 불교도 품에 돌려주고자 했다. 마하보디 소사이어티를 만들어 세계 각국에 호소하고 60년간의 소송 투쟁을 거쳐 오늘날 불교도의 품에 50% 안겨준 장본인이다. 이 사원 밖에 그의 동상이 있고 사원 안에는 일본의 여류 화가가 그린 부처 일생에 관한 벽화가 있고, 오른쪽에는 미얀마 불자들에 의해 조성된 초전법륜상이 있다.

다르마팔라는 법의 수호자라는 뜻이다. 녹야원을 나와 근처에 있는 불교 사원이 있다. 이 사원 앞에는 독특하게 부처님이 아닌 스님 동상이 있다. 바로 다르마팔라 동상이다. 그는 스리랑카의 독립운동가이며 최초의 불교 전법자이다. 그는 사실상 인도에서 불교가 소멸된 후 인도 불교 부흥에 앞장섰고, 이슬람 통치가 인도 불교 붕괴에 책임이 있다고 주장했다. 그는 평생 여행과 강연을 하며 전 세계에 비아라를 설립했다. 그가 지은 사원 중 가장 중요한 것은 부처님이 처음 가르쳤던 사르나트의 바로 이 사원이다. 그 또한 말년에는 승려가 되었다.

사르나트 고고학 박물관

불교 3대 박물관의 하나로 6,832점의 조각과 공예품을 소장하고 있다. 인도 식민정부는 사르나트 유적을 발굴하면서 출토된 유물을 보관하기 위하여 1904년 유적지 박물관을 건설하기로 결정했다. 박물관은 1910년에 완공되었다. 이곳에는 특히 초전법륜탑에서 발견된 굽타시대 최고의 명작 초전법륜 불상과, 인도의 국장으로 쓰이는 아소카 석주 수장 부분 및 국보급 문화재가 다수 있다.

고고학 박물관에는 불교 보호자에 의해서 알려진 아소카왕이 만들었던 석주의 머리의 꼭대기 부분에 있었던 4마리의 사자상의 석상이 전시되어 있다. 사자상은 BC 2세기경 아소카왕이 최초 불경이 시작되어 부처님이 설법했던 곳에 세워졌던 돌기둥 위에 올렸던 것이다. 인도 미술 최고의 걸작으로 인도의 국가문장이 되어 인도 화폐에도 나와 있다. 정교하고 아름다운 네마리 사자상은 2,200년 훨씬 전에 만들어진 작품이다. 또 하나는 세계에서 가장 잘 생겼다는 부처님 초전법륜상이다. 간다라 미술의 영향을 받은 다른 불상과는 달리 굽타시대 마투라 양식으로 조성된 인도인의 모습을 하고 있다는 불상이다. 사르나트에서 발굴된 불상, 보살상 등이 전시되어 있는데 의외로 볼 것이 많다. 부처님 일대기, 8대 성지를 조각해 놓은 팔상도도 보인다.

진리를 설한 땅에서 배우는 교리

사부대중(四部大衆)

부처님의 가르침을 따르는 네 부류의 사람들을 이르는 말이다. 비구(比丘)·비구니(比丘尼)·우바새(優婆塞)·우바이(優婆夷)를 말한다. 불교 교단을 구성하는 4부류의 집단으로 비구는 '걸식하는 자'라는 뜻으로, 불교 초기에는 모든 종교의 탁발하는 수행자를 비구라고 불렀다. 후대에 불교의 계율체계가 확립되면서 출가하여 구족계(具足戒)를 받은 남자 승려를 비구라고 부르게 되었다. 비구니는 여자로서 출가하여 구족계를 받은 사람을 말한다.

우바새는 재가의 남자 신도로서 청신사(淸信士)라고도 한다. 우바이는 재가의 여자 신도로서 청신녀(淸信女)라고도 한다. 재가 신도인 우바새와 우바이는 승가를 유지하고 계승하는 사회·경제적 바탕이 된다. 비구와 비구니가 세속의 일을 떠나 수행에 전념하는 동안 우바이와 우바새는 직접 생산활동에 참여하여 그 결과물로 이들을 공양하는 것이다. 최초의 비구니는 부처님의 이모 마하파자파티였다. 최초의 우바새는 야사의 아버지인 구리가 장자이고, 우바이는 구리가 장자 부인이다. 승가에서는 석가의 가르침을 따르는 신자들을 7부중(七部衆)으로 나누기

도 한다. 4부 중에 성인이 안 된 남자 출가승인 사미(沙彌)와 여자 출가
승 사미니(沙彌尼), 비구니의 구족계를 받기 직전의 여자 출가승 식차마
나(式叉摩那)를 더한 개념이다. 첫 사미는 부처님의 아들 라훌라였다.

야사(耶舍)

야사(耶舍)는 부호 장자의 아들로 세 개의 호화 별장이 있었다. 겨울을
나는 별장. 여름을 나는 별장. 우기를 나는 별장. 별장마다 가득한 보물
이 있었으며 별장을 옮겨 다니며 지내는 야사는 따르는 시녀들, 따르는
악사들이 있었다. 그러나 호화로운 생활이 조금도 즐겁지 않았다. 짜증
나고 견딜 수 없는 고통으로 어느 날 잠을 깨니, 강 건너 녹야원 숲에서
비치는 서광이 보였다.

야사는 옷을 차려입고 황금신을 신었다 강을 건너 서광의 숲에 이르니
가부좌를 하신 부처님이 계셨다. 야사는 금방 후련한 마음이 돼 오체투
지를 하며

"거룩하신 부처님 저에게 가르침을 주소서. 저는 참으로 괴롭고 어지럽
습니다."

"잘 왔구나. 여기는 괴로움이 없다. 이제부터 젊은이 너는 비구다!" 부
처님이 손수 야사의 머리를 깎고 화려한 옷을 벗기고, 법복을 입히셨다.
"어떠냐? 너는 여섯 번째의 비구다."

부처님은 야사가 듣기 좋은 음성으로 야사가 알아듣기 쉬운 말씀으로
설법을 하셨다. 계율에 대한 가르침, 인연에 대한 이야기. 괴로움이 생
기는 원인. 괴로움을 없애는 방법 등등 감동깊은 부처님 설법에 야사 비
구는 닫혀 있던 마음이 열렸다.

숲속에서 방황하던 야사가 법문을 듣고 아라한이 됐고, 그의 친구 54명

이 법문을 듣고 비구가 돼 모두 아라한이 됐다. 그리하여 세상에 61명의 아라한이 존재하게 되었다.

삼보(三寶)

불자가 귀의해야 한다는 불보·법보·승보의 3가지를 가리킨다. 불교를 달리 불·법·승 삼보라 할 수 있다. 불교가 있는 곳에는 반드시 삼보가 갖추어져 있어야 하고, 불교도는 삼보에 귀의함으로써 시작되며 최후까지 삼보에 귀의해야만 한다. 따라서, 삼보에 귀의하는 것은 불교도에게는 불가결한 요건이며, 대승(大乘)과 소승(小乘)을 막론하고 삼보를 가장 중요시하고 있다.

삼보의 성립은 석가모니불의 성도(成道)로부터 시작된다. 석가모니는 35세가 되던 해 12월 8일의 이른 새벽에 대각을 이루고, 생로병사(生老病死)의 근원을 단멸(斷滅)하는 확신을 얻게 되었다. 불(佛)이 되었다는 자기혁신의 일대 전환으로써 불보(佛寶)가 성립되었다.

성도한 뒤 석가모니는 한동안 스스로 깨달음의 경지를 즐기고 있었으나, 지난날 같이 고행을 하던 다섯 사람의 수행자를 찾아 바라나시 교외의 녹야원으로 갔다. 이때 석가모니는 쾌락과 금욕의 양극단을 배재하는 중도와 사제·팔정도·십이연기 등의 법(法)을 설하였다. 이것이 법보(法寶)이다. 이 설법을 듣고 최초의 제자인 5비구(比丘)가 나타나게 되어 승보(僧寶)를 이룬다.

이 세상에서 가장 소중한 세 가지 보물이라는 뜻으로 말해지고 있다. 불교에서. 불보는 진리를 깨친 모든 부처님, 법보는 모범되고 바른 부처님의 교법, 승보는 화합하고 깨끗한 부처님의 가르침대로 수행하는 수행자를 말하며 이 삼보에 돌아가 의지하는 것이 삼귀의이다.

오계(五戒)

불교에 입문한 재가 신도가 지켜야 할 5가지 계율로 불살생계(不殺生戒)는 살아 있는 것을 죽이지 말라. 불투도계(不偸盜戒)는 훔치지 말라. 불사음계(不邪婬戒)는 음란한 짓을 하지 말라. 불망어계(不妄語戒)는 거짓 말하지 말라. 불음주계(不飲酒戒)는 술 마시지 말라.로 불교도이면 재가 자나 출가자 모두가 지켜야 하는 가장 기본적인 생활 규범이다.

전도선언(傳道宣言)

부처님이 이 세상의 이치와 이에 따른 삶의 방식에 대하여 독자적으로 깨달은 내용을 다른 사람들 앞에 최초로 설파한 역사적 사건을 흔히 초전법륜(初轉法輪)이라 한다.

이 초전법륜이야말로 부처님의 전도 활동의 개시라는 역사적인 평가를 받지만, 보다 엄격히 말하면 이는 부처님의 가르침이 지각 있는 사람들로부터 맨 처음 시험받는 무대였다고도 할 수 있을 것이다.

부처님은 처음에 깨달음을 얻고 나서, 그 내용을 다른 사람들에게 설파하기를 주저했다고 하는데, 그 이유는 자신이 깨달은 진리가 너무 심오하고 난해하여 일반 사람들로서는 이해하기가 힘들 것이라는 염려 때문이었다.

부처님은 이전에 함께 수행한 적이 있는 다섯 사람의 동료들에게 먼저 자신의 깨달음을 펴 보였고, 이들로부터의 호응이 자신의 깨달음에 대한 자신감과 전도 의지를 불러 일으켰을 것이다. 초전법륜은 부처님의 전도 의지를 다지는 계기였다. 먼저 부처님이 젊은 시절에 겪었던 것과 유사한 고민을 안고 방황하던 야사(Yasa)라는 청년이 부처님께 감화되어 부처님의 출가제자인 비구가 되었다. 그리고 아들을 찾아 나선 그의 부모는 부처님을 만나 재가 신도가 되었다. 또 야사의 친구 50여 명도 부처님의 감화를 받고 비구가 되었다.

이들이 가르침에 따라 진리를 증득하게 되자, 부처님이 이들로 하여금 여러 지방으로 가서 진리의 가르침을 전하게 하였다. 이때 부처님이 제 자들에게 다음과 같은 말로써 적극적인 전도의 개시를 당부하고 '전도 의 선언'을 했다.

우바새(優婆塞)

우바새는 출가하지 않은 남자 재가 신자를 가리키다. 근사(近事)·근사 남(近事男)·근선남(近善男)·신사(信士)·신남(信男)·청신사(淸信士)라고 도 한다. 한국 불교에서는 흔히 우바새를 거사(居士)·처사(處士)라고도 하곤 한다. 근사남은 부처와 경전·승려의 삼보(三寶)를 가까이에서 섬 기는 사람이라는 뜻이다.

지켜야 할 계율로는 삼귀오계(三歸五戒)가 있다. 삼귀란 삼귀의로 삼보 에 귀의함을 뜻하고, 오계는 불살생·불투도·불사음·불망어·불음주 를 이르는 말로 출가자에게도 해당되는 불교도의 기본 계율이다.

우바이(優婆夷)

우바이는 출가하지 않은 여자 재가 신자를 가리킨다. 청신녀(淸信女)· 근선녀(近善女) 등으로 의역된다. 한국 불교에서는 흔히 우바이를 보살 또는 보살님이라고도 하곤 하는데, 이는 대승불교의 보살의 본래 뜻과 는 거리가 있다. 보살계를 수계 했다는 의미로 이해할 수도 있다.

우바이는 남자 재가 신도인 우바새와 함께 불교 교단의 칠중(七衆)을 이 룬다. 한역하면 청신녀(淸信女, 우리나라에서는 흔히 보살로 칭함)이고, 근사

선묵혜자 스님과 함께 부처님 성지에서 배우는 불교 上

녀(近事女)라고도 한다. 근사녀란 부처와 경전·승려의 삼보(三寶)를 가까이에서 섬기는 사람이라는 뜻이다.

승가(僧迦)

승가는 산스크리트어의 삼가, 팔리어 상가의 음역으로 중(衆)·화합중(和合衆)으로 번역된다.승가는 본래 2,600년 전 부처님 당시에 가나라고도 하며, 집단, 모임, 무리라는 뜻으로 부처님 당시에는 동업조합(同業組合)으로서의 길드와 경제 단체나 어떤 종류의 종교 단체를 가리킨 것이었다. 부처님은 물론 육사 외도의 모임도 승가라고 불렀고 그들을 부를 때 승가를 가진자 무리를 가진자라고 표현하였다. 붓다(Buddha) 담마(Dhamma) 상가(Sangha)가 단축되어 불법승(佛法僧)으로 불리면서 승가의 의미는 다시 변화된다.

불교의 승가가 성립된 것은 보리수 밑에서 정각을 얻은 부처님께서 바라나시 사르나트에서 처음으로 5명의 비구들에게 설법을 한 초전법륜(初轉法輪)의 때이며, 거기에서 부처님을 합친 6명의 승가가 성립된 셈이다.

권청(勸請)

부처님의 가르침을 청하여 맞이하는 것을 말한다. '권하여 청한다'는 뜻으로 지극한 정성으로 부처님께 설법해 주기를 권하거나, 곧 열반에 들려는 부처님에게 오래도록 이 세상에 머물러 계시기를 청하는 것이다. 범천권청(梵天勸請)은 불교사의 가장 중대한 사건이다. 이 일이 없었다면 불교가 아예 성립하지 못했을 것이다.

고타마 싯다르타 6년간의 고행 끝에 드디어 35세에 보리수 아래에서 깨달음을 얻어 부처가 되었다. 그는 이때 49일간 그 자리에 앉아 법열을 즐겼다. 부처님은 스스로 깨달은 진리에 대한 설법을 주저하고 침묵을 결심했다는 것이다. 이때 나타난 이가 범천이다.

"부처님이시여, 법을 설파해 주소서. 비록 이 세상은 먼지로 가려져 있지만, 사람들이 법을 듣지 못한다면 더욱 타락해 갈 겁니다. 그리고 그 중에는 법을 이해하는 자도 분명 있을 겁니다."

부처님은 결국 설법을 결심하였고 범천은 감사하며 자리를 떠났다. 이후 부처의 말씀을 듣기 위해 사람들이 모여들었고, 진리를 깨우치는 아라한들이 늘면서 불교는 인류사회를 밝히는 종교가 되었다. 만약 범천권청 사건이 없었다면 싯다르타의 깨달음은 한낱 개인의 해탈로 끝나버렸을 것이다.

안거(安居)

여름 3개월과 겨울 3개월 동안 출가한 승려들이 한곳에 모여 외출을 금하고 수행하는 불교 수행법이다.

안거는 불교의 수행자들이 일정기간 동안 한곳에 모여서 수행하는 기간을 말한다. 남방불교에서는 여름 한 차례만 안거를 행하며, 북방불교에서는 여름 3개월 동안 행하는 하안거(夏安居)와 겨울 3개월 동안 행하는 동안거(冬安居)가 있다. 1년에 두 번 안거를 행하게 된다.

인도에서는 바라문교에서 안거하는 제도가 있었는데, 비구들이 여름에 행각하다가 폭풍우를 만나고 초목과 벌레들을 살상하여 비난을 받았으므로 여름에는 외출을 금지하고 수행을 하게 한 것이 불교 안거의 기원이다.

안거의 원래 뜻은 우기(雨期)를 뜻하고, 이러한 우기에 일정한 기간을 정하여 불제자가 한곳에 모여 조용히 도심(道心)을 일으켜 수행하게 된다.

우리나라에서는 음력 4월 15일에 결제(結制)하여 7월 15일 해제(解制)하는 안거제도를 따르는 하안거와, 음력 10월 15일에 결제하여 다음 해 1월 15일에 해제하는 동안거를 채택하여 행하고 있다. 그리고 안거 기간 동안은 한곳에서만 수행하도록 되어 있으며, 몇 안거를 났느냐? 가 곧 승려의 수행 이력이 되기도 한다. 안거를 마치고 해제하는 날은 대중 공양 등을 베풀어 그동안의 노고를 달래는 풍습이 있다. 특히 7월 15일의 해제하는 날에는 우란분재(盂蘭盆齋) 등을 거행한다.

아라한(阿羅漢)

'공경받을 자'라는 의미에서 유래했다. 흔히 줄여서 나한(羅漢)이라고 부른다. 깨달음을 얻어 능히 다른 사람들에게 공경받을 만하다는 의미로, 이를 한자로 번역하여 응공(應供)이라고도 하였다. 불교에서는 수행 끝에 번뇌가 소멸되어 더이상 윤회하지 않는 경지에 도달한 사람을 가리킨다. 원래는 부처를 가리키는 10가지 칭호 중 하나였으나 점차 뜻이 달라졌다.

아라한은 그 의미에 따라 다양한 명칭으로 이해되기도 하는데, 공양을 받을 만큼 존경스러운 사람이라는 의미에서 '응공(應供)'이라고 한다. 수행의 적인 모든 번뇌를 없앴다는 의미에서 '살적(殺賊)', 진리에 상응하는 사람이라는 의미에서 '응진(應眞)', 모든 번뇌를 끊어 더 이상 닦을 것이 없는 경지라는 점에서 '무학(無學)'이라고도 한다. 그 외에 '불생(不生)'이나 '진인(眞人)' 등으로 의역하는데, 보통은 나한(羅漢)이라고 칭한다.

『잡아함경(雜阿含經)』

석가모니 부처님께서 여러 곳에서 설하신 법문들을 집성한 것으로, 불교의 기본교리와 교훈을 설한 경전이다. 『장아함(長阿含)』, 『중아함(中阿含)』, 『잡아함(雜阿含)』, 『증일아함(增一阿含)』 4아함 가운데 짧은 경들이 가장 많이 들어 있는 경전으로, 이러한 점은 『잡아함경』이 다른 『아함경』에 비해 보다 원시적인 형태의 경전이라고 추정되는 근거가 되기도 한다. 이 경전에는 부처님의 초기 교설과 함께 부처님을 비롯한 여러 제자들의 인간적인 면모가 드러나 있어서 깊은 감명을 준다. 또한 그 교설 중에는 후대에 대승불교 사상의 기초가 된 것도 많이 보인다.

보시(布施)

대승불교도의 실천 덕목인 육바라밀 가운데 제1의 덕목이다. 보시란 널리 베푼다는 뜻의 말로서, 자비의 마음으로 다른 이에게 아무런 조건 없이 베풀어 주는 것을 뜻한다. 베푸는 것에는 재물로써 베푸는 재시(財施)와 석가의 가르침, 즉 진리를 가르쳐 주는 법시(法施), 두려움과 어려움으로부터 구제해 주는 무외시(無畏施)의 셋으로 구분된다.

보시는 사섭법(四攝法) 가운데 들어 있어 보살이 중생을 교화할 때의 행동 양식의 하나로 권장되고 있다. 요즘은 보시라는 말이 불공이나 불사(佛事) 때에 신도들이 일정한 금전이나 물품을 내놓는 일을 말한다. 세속의 명리를 위해서라든가 어떤 반대급부라도 바라는 마음에서 한다면, 그것은 부정(不淨) 보시가 되므로 철저히 배격한다.

십선계(十善戒)

십선계(十善戒)는 대승 보살의 적극적인 자비행으로 십선도를 말한다.

선묵혜자 스님과 함께 부처님 성지에서 배우는 불교 上

연기의 진리에 의해 주체적 인간과 객체적 대상 사이에는 작용, 반응이라는 인과관계가 성립되는 이러한 인과율에 입각한 실천 윤리라고 말할 수 있다.

십선계는 신체적 행위 3가지 ① 불살생(不殺生) : 살아 있는 것을 죽여서는 안 된다. ② 불투도(不偸盜) : 도둑질을 해서는 안 된다. ③ 불사음(不邪淫) : 남녀의 도를 문란케 해서는 안 된다. 언어적 행위 4가지 ④ 불망어(不妄語) : 거짓말을 해서는 안 된다. ⑤ 불기어(不綺語) : 현란스러운 말을 해서는 안 된다. ⑥ 불악구(不惡口) : 험담을 해서는 안 된다. ⑦ 불양설(不兩舌) : 이간질을 해서는 안 된다. 마음의 활동으로 3가지 ⑧ 불탐욕(不貪欲) : 탐욕스러운 마음을 일으켜서는 안 된다. ⑨ 부진에(不瞋恚) : 화내는 마음을 내서는 안 된다. ⑩ 불사견(不邪見) : 그릇된 견해를 가져서는 안 된다. 등으로 욕망, 분노, 방황을 차단하는 가르침이다.

가섭삼형제

부처님은 여러 곳을 거쳐 드디어 우루벨라에 도착하였다. 이곳에는 우루벨라 가섭 , 나디 가섭, 가야 가섭으로 알려진 삼형제가 있었는데 그들은 헝클어진 머리를 하고 수행하는 고행자들이었다. 그들은 모두 형제들로 각자가 500명, 300명 그리고 200명의 제자를 거느리고 있었다. 맏형인 우루벨라 가섭은 자신이 얻은 경지가 잘못된 것도 모른 채 자신이야말로 아라한이라고 생각하면서 고행하고 있었다. 마침내 부처님은 그에게 자신이 아라한이라는 것을 납득시켰다.결국 그와 그의 제자들이 승가에 들어와서 수계를 받았다.

그의 두 아우인 나디 가섭과 가야 가섭도 우루벨라 가섭의 뒤를 따라 석가모니 부처님의 제자가 되었다. 석가모니는 새로 제자가 된 1천 명을 거느리고 라지기르로 가던 도중에 가야산에서 타오르는 불의 법문이라는 제목으로 설법을 했다.

발우(鉢盂)

발우는 적당한 양을 담는 밥그릇이란 뜻으로 절에서 부처 또는 승려들이 소지하는 밥그릇을 말한다. 주로 나무로 만든 목발(木鉢)을 사용한다. 발우는 부처님이 열반한 후 여러 나라로 전해졌으며, 바릿대·바리·바루·발다라(鉢多羅)·바리때·발(鉢)·응기(應器)로 부르기도 하였으며 재료와 색상, 크기도 규정된 법에 따라야 하므로 응량기(應量器)라고 한다.

발우(鉢盂)의 유래는 『태자서응본기경』에 "석존은 성도(成道) 이후 7일간 아무것도 먹지 않아 두 사람의 상주(商主)가 음식물을 올렸는데 그때 석존은 과거의 여러 부처님도 그릇에 먹을 것을 받았다는 사실을 알고 있었고, 그것을 안 사천왕은 각각 알나산정의 돌 속에서 자연의 그릇을 얻어 석존에게 바치자 석존은 4개의 그릇을 왼손 위에 놓고 오른손을 그 위에 얹으니 신통력에 의해 하나의 그릇으로 변했다."고 적혀 있다.

삼독(三毒)

탐욕(貪慾)·진에(瞋恚)·우치(愚癡)를 의미한다. 줄여서 탐·진·치라고도 하며, 이 세 가지 번뇌가 중생을 해롭게 하는 것이 마치 독약과 같다고 하여 삼독이라고 한다.

탐욕은 탐애(貪愛)라고도 하며 자기가 원하는 것에 욕심을 내어 집착하는 것, 자기의 뜻에 맞는 일에 집착하는 것, 정도를 넘어서서 욕심을 부리는 것, 명성과 이익을 지나치게 좋아하는 것 등이 모두 이에 해당한다. 일반적으로 불교에서는 5욕(五慾)이라고 하여 식욕(食慾)·색욕(色慾)·재욕(財慾)·명예욕·수면욕 등을 들고 있다. 그러나 이것을 구하는 것 자체가 탐욕이 아니라 그것이 정도를 지나칠 때 탐욕이라고 한다.

진에는 분노하는 것으로서, 산목숨에 대하여 미워하고 성내는 것을 말한다. 따라서 진에 속에는 분노뿐만 아니라 시기와 질투까지 모두 포함되어 있다. 이 진에는 수행을 하는 데 가장 큰 허물이 되는 것이며, 다스리기도 어려운 것으로 보고 있다.

우치는 현상이나 사물의 도리를 이해할 수 없는 어두운 마음으로서, 이로 인하여 있는 그대로의 모습을 판단할 수 없게 된다. 따라서 우치 때문에 모든 번뇌가 일어나게 되는 것으로 보고 있다.

삼독을 없애기 위한 수행으로는 팔정도(八正道)와 계(戒)·정(定)·혜(慧)의 삼학(三學)을 들고 있다. 탐욕을 다스리고, 정으로써 진에를 다스리며, 혜로써 어리석음을 다스린다는 것이다.

『금강경(金剛經)』 사구게(四句偈)

『금강경』을 읽다가 보면 『금강경』 전체를 읽거나 아니면 사구게만이라도 수지독송하라고 한다. 가지고, 읽고, 외우고, 또 쓰고, 남을 위해서 일러주면 그 복이 이루 말할 수 없이 많다. 이런 말이 『금강경』 안에 수없이 있다. 사구게란 글자 그대로 경전에 등장하는 네 글귀로 된 게송을 의미한다. 네 글귀로 되어 하나의 의미를 가지는 경전의 말씀을 의미한다.

『금강경』의 핵심사상을 간략한 4구의 형식으로 요약한 게송으로

　제1구게 : 범소유상 개시허망 약견제상비상 즉견여래(凡所有相 皆是虛妄 若見諸相非相 卽見如來) - 무릇 형상이 있는 것은 모두가 다 허망하다, 만

약 모든 형상을 형상이 아닌 것으로 보면, 곧 여래를 보리라(제5 여리실견분 : 如理實見分).

제2구게 : 불응주색생심 불응주성향미촉법생심 응무소주 이생기심(不應住色生心 不應住聲香味觸法生心 應無所住 而生其心) - 응당 색에 머물러서 마음을 내지 말며, 응당 성·향·미·촉·법에 머물러서 마음을 내지 말 것이요, 응당 머문 바 없이 그 마음을 낼지니라.(제10 장엄정토분 : 莊嚴淨土分).

제3구게 : 약이색견아 이음성구아 시인행사도 불능견여래(若以色見我 以音聲求我 是人行邪道 不能見如來) - 만약 색신으로써 나를 보거나 음성으로써 나를 구하면, 이 사람은 사도를 행함이라. 능히 여래를 보지 못하리라(제26 법신비상분 : 法身非相分).

제4구게 : 일체유위법 여몽환포영 여로역여전 응작여시관(一切有爲法 如夢幻泡影 如露亦如電 應作如是觀) - 일체의 함이 있는 법(현상계의 모든 생멸법)은 꿈과 같고, 환상과 같고 물거품과 같으며 그림자 같으며, 이슬과 같고 또한 번개와도 같으니, 응당 이와 같이 관할지니라.(제32 응화비진분 : 應化非眞分).

『금강경』에 "만일 어떤 선남자나 선여인이 이 경에서 사구게만이라도 받아 지니고 다른 사람에게 설명해주면(受持爲他人說) 그 복덕은 앞에서 말한 칠보로 보시한 복덕보다 더 수승(殊勝)하니라."라는 의미를 가진다. 이와 같이 경전에서는 사구게를 수지하고 타인에서 설명해 주는 공덕에 대하여, 이 공덕은 '항하(갠지스강)의 모래같이 많은 삼천대천세계에 칠보(七寶)를 가득히 채워서 보시를 한 복덕보다 더 수승하다'고 말하고 있다.

위의(威儀)

부처님의 위엄이 있고 엄숙한 태도나 차림새를 말한다. 또한 불자가 지켜야 할 규범인 계율을 말하기도 한다. 계는 깨끗하고 착한 습관을 익혀 지키기를 맹세하는 결의를 이르며, 율은 불교 교단(教團)의 규칙을 이른다. 부처님의 자세, 의용(儀容)을 말한다.

이 세상 모든 이들에게 진정한 안락과 행복의 길을 열어 보이기 위해서 가르침을 펴기 시작한 석가모니 부처님은 제자들을 가르치는데도 위대한 인류의 스승으로서의 면모를 유감없이 발휘했다. 상대의 입장을 충분히 헤아려서 그에 알맞는 가장 합리적이고 이상적인 교화의 방법을 채택했던 것이다.

부처님께서는 기성의 고정관념에 사로잡혀 있는 사람들에게 그것을 무작정 부정하기보다는 일단 긍정하면서도 새로운 입장에서 올바른 이해를 일깨우신 것이다. 무엇보다 독특했던 부처님의 교화 방법은 위의(威儀)를 통한 방법이었다. 다시 말해 최고의 진리를 깨달은 이의 참으로 완전무결한 삶의 모습을 대중들 앞에 있는 그대로 펼쳐 보이심으로써 대중들 스스로가 감화 받도록 하신 것이었다.

열반의 땅 쿠시나가르

쿠시나가르는 시골의 작은 동네입니다. 부처님 당시에도 역시 알려지지 않은 외딴 마을이었다고 전해집니다. 부처님께서는 생의 마지막을 위해 이 작고 외딴 마을을 고르셨습니다.

80세의 노구를 이끌고 부처님께서는 쿠시나가르에 도착하십니다. 벌써 일 년 전에 왕사성을 출발하셨고 바이샬리에서 마지막 여름 안거를 지내신 뒤에 겨울이 다 된 시점입니다. 평탄하지는 않은 길이었지만 무엇보다 부처님의 몸이 예전 같지 않았습니다. '낡은 수레가 곧 부서질 듯 삐걱거리는 듯한 육신이다.'라고 스스로 말씀하실 만큼 힘들고 지리한 여정이었습니다.

부처님께서는 생전에 마음 아픈 일이 많았습니다. 양팔과 같았던 상수 제자 사리불과 목건련의 열반이 있었습니다. 또한 40년 가까이 부처님의 제자이자 벗이며 후원자였던 빔비사라왕은 아들 아자타삿투에 의해 지하 감옥에 감금되어 비참하게 목숨을 잃었습니다. 파사익왕 또한 아들 비두다바의 반역으로 수레 하나에 의지하여 망명을 가던 중 길 위에서 숨을 거두었습니다. 비두다바는 부처님이 세 번이나 온몸으로 막았음에도 불구하고 군사를 일으켜 카필라 왕국을 정복해 석가족을 멸망시켰고 부처님의 혈통으로 석가

| 쿠시나가르 수투파 유적

족 왕자 출신의 제자 데바닷타는 반역을 일으켜 교단을 분열시켰습니다.

부처님께서 마음을 아프게 했던 일들, 즐겁고 행복했던 일들을 회상하며 마지막 자리를 폈던 곳이 쿠시나가르입니다. 사라나무가 빼곡히 들어서 그늘을 드리운 곳이었습니다. 부처님께서는 대장장이 춘다가 올린 마지막 공양을 받으시고 심한 복통에 괴로워하셨습니다. 그러나 여래의 마지막 공양이 얼마나 큰 공덕인지 설법하시며 춘다의 죄책감을 벗겨주셨습니다.

부처님의 열반이 가까워 오자 제자들은 차례로 부처님께 마지막 예를 올렸습니다. 재가불자들도 더러는 혼자, 더러는 가족이 함께 나아가 인사를 드리는데 밤이 늦도록 이어졌습니다. 갑자기 사라나무 꽃들이 하얗게 흩날리는 기이한 일도 있었습니다. 우리가 석가모니 부처님을 수식하는 단어 중 '학수쌍존'이란 말이 있는데 근처에 있던 사라나무들이 학처럼 하얀 꽃을 뿌려 공양 올리던 귀한

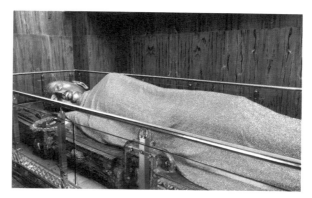
| 쿠시나가르 열반당 내부에 모셔진 부처님 열반상

분이라는 뜻입니다.

부처님께서는 밤늦게까지 이어진 참배 행렬에 가쁜 숨을 몰아쉬며 괴로워하자 제자들은 문안 인사를 중단합니다. 그러나 여래가 숨을 거두기 전에 질문할 것이 있다며 떼를 쓰는 한 수행자를 부처님께서는 허락하십니다. 그리고는 있는 힘을 다해 가르침을 전해줍니다.

부처님께서는 제자들을 향해 마지막으로 궁금한 것이 없는지 세 번이나 거듭 물으셨습니다. 안쓰러운 침묵을 깨고 아난존자가 '제자들이 지금 여쭐 것이 없다.'라고 확인해드리자

"모든 것은 변하고 무너지나니 게으름 없이 정진하라."

는 담백하면서도 묵직한 유훈을 마지막으로 남기고 반열반에 드십니다. 장례의식도 출가수행자가 치를 것이 없다고 하셨습니다. 부처님 말씀대로 인근 왕족들과 브라만들이 모여 가장 성대하고

격식 있는 다비를 했습니다. 다비를 모시고 사리를 수습하여 여덟 개의 나라가 군사를 이끌고 와서 부처님의 사리를 모셔가는 일까지 다 일반인들이 수행합니다. 너무나 지엄한 부처님의 당부를 따라 모든 수행자는 그 즉시 사원으로 돌아왔습니다. 그리고는 스승님이 함께 계신 평소처럼 게으름 없는 정진을 이어갔다고 합니다.

쿠시나가르는 아주 작은 마을이었지만 부처님 열반 이후 유명해졌습니다. 4세기 초 이곳을 방문했던 중국의 법현 스님은

"성의 북쪽 쌍수 사이 희련하(希連河. 히라냐바티)강에 세존께서 머리를 북쪽으로 하고 반열반에 드신 곳과 수밧다가 최후에 득도한 곳, 금관에 모신 세존을 7일간 공양한 곳, 금강역사가 금강저를 놓은 곳, 여덟 왕이 사리를 나눈 곳들 모두 탑과 승원이 있었다,"

라고 기록했습니다. 200여 년 후 이곳에 도착한 현장 스님은

"벽돌로 만든 큰 정사 안에 여래의 열반상이 있다. 머리를 북쪽으로 하고 누워 있다. 옆에 아소카왕이 세운 스투파가 있다. 기단은 허물어져 기울고 있으나 높이는 아직도 200여 척(약65m)이 된다. 옆에 돌기둥이 세워져 있고 여래가 적멸(寂滅)한 사적이 적혀 있는데 글은 있으나 적멸한 날짜는 적혀 있지 않다"

라고 묘사했습니다. 8세기 신라 혜초 스님이 당도했을 때 쿠시나가르의 모습은 다소 변해 있었는데

"성은 이미 황폐해져서 사람 사는 흔적이 보이지 않는다. 부처님께서 열반하신 자리에 탑을 세워 두었는데 스님 한 분이 그곳을 청소하면서 물을 뿌리고 있다. 해마다 팔월 초파일(설일체유부의 율장

| 쿠시나가르 사원터와 열반당
쿠시나가르 사원지와
열반당(앞), 열반탑(뒤) 모습

에 남아있는 부처님 열반일)이 되면 비구와 비구니 그리고 도인과 속
인들이 탑 있는 곳에 모여 크게 공양을 베푸는 행사를 치른다.…탑
주위 사방으로 사람이 잘 가지 않는 곳에 거칠게 우거진 숲이 있다.
탑으로 예배를 하러 가는 자들이 무소나 호랑이에게 해를 입기도
한다고 한다.”

　라고 기록하고 있습니다.

춘다, 마지막 공양을 올리다

부처님께서 오셨다는 이야기를 들은 대장장이 춘다는 다음날 공양을 올리겠다고 청하였습니다. 부처님께서는 그의 공양을 허락하셨고 다음 날 춘다는 아침 일찍 일어나 갖가지 음식을 만들면서 부처님께 올릴 특별한 요리 하나를 더 준비해 두었습니다. 그것은 바로 너무 늙지도 어리지도 않은 돼지를 잡아서 만든 고기 요리였습니다. 일설에는 야생토란, 전단나무 버섯, 송로버섯이라고도 합니다, 때에 맞춰 제자들과 함께 춘다의 집을 방문하신 부처님께서는 준비된 음식을 보시고는 그를 불러 이렇게 말씀하셨습니다.

"춘다여, 돼지고기로 만든 음식을 나에게 올려라. 다른 음식들은 대중에게 올려라."

춘다는 부처님의 말씀대로 공양을 올렸습니다. 그는 자신이 특별히 준비한 음식을 부처님께서 직접 드시는 것을 보면서 진심으로 기뻐하였습니다. 공양을 마친 부처님께서는 다시 춘다를 불러 말씀하셨습니다.

"춘다여, 남은 돼지고기 요리는 구덩이를 깊게 파고 묻어라. 이

| 춘다의 공양터
대장장이 춘다가 부처님께 마지막 공양을 올린 곳

음식에는 하늘의 신들이 천상의 영양분을 잔뜩 담았기 때문에 나여래 외에는 누구도 소화를 시키지 못하기 때문이다.”

춘다는 부처님의 말씀에 따라 남은 돼지고기 요리를 땅 깊숙히 묻었습니다. 공양을 끝나자 부처님께서는 법문을 하셨고 춘다에게 축원을 해 주신 뒤 사원으로 돌아가셨습니다. 그런데 사원에 돌아오자마자 부처님께서 심한 설사를 하시며 탈진 증세를 보이기 시작하셨습니다. 부처님은 아난다는 불러

“아난다여, 이제 길을 떠나자. 내가 배가 조금 아프구나”

라고 하십니다. 그렇게 길을 떠난 뒤 얼마 지나지 않아

“아난다여, 내가 배가 몹시 아프구나. 조금 쉬었다 가자”

라고 하십니다. 그때 설사를 하셨는데 피가 섞인 설사를 하셨다

고 합니다. 조금 걷고 다시 쉬고 이렇게 길을 가셨다고 합니다. 아마도 춘다의 음식으로 인해 식중독 증상이 있었던 것 같았습니다. 이때 제자들은 모두 춘다가 올린 공양 때문에 부처님께서 병을 얻으셨다고 생각하였습니다.

부처님의 병세는 이미 오래전부터 심각한 상태였습니다. 하지만 아직 열반의 시간이 되지 않았기 때문에 마지막 안거 기간 내내 선정과 수행의 힘으로 증상을 억제하고 계셨을 뿐이었습니다. 이를 누구보다 잘 아시는 부처님께서는 자신이 열반에 들게 되면 혹시라도 춘다가 스스로를 자책할 것을 염려하여 아난존자에게 당부하였습니다.

"아난다여, 여래는 이제 곧 열반에 들 것이다. 그 전에 춘다에게 가서 이렇게 말해주거라. '춘다여! 그대는 당신의 공양을 드신 부처님께서 열반에 드셨으니 선업의 공덕이 참으로 큽니다. 부처님께서 깨달음을 성취한 날 올리는 최초의 공양과 부처님께서 열반에 드실 때 올리는 마지막 공양의 공덕은 다른 어느 때의 공양보다 큽니다. 이 공덕으로 그대는 무병장수할 것이며, 살아서는 재물과 명예를 얻고 죽어서는 천상에 태어날 것입니다. 이것은 부처님께서 나에게 직접 말씀해주신 것입니다' 이렇게 말해주거라."

부처님께서는 훗날 춘다가 스스로를 자책할 것을 염려하였고, 아난존자를 보내 그가 올린 공양의 공덕을 축원해주셨습니다. 이는 실로 지극한 자비와 배려의 마음이었습니다.

뿍꾸사, 마지막 재가불자가 되다.

춘다를 위로하신 부처님께서는 아난존자가 돌아오자 쿠시나가르를 향해 길을 떠나셨습니다. 이미 많이 쇠약해지신 부처님의 걸음은 더디고 무거웠습니다. 아난존자를 비롯한 제자들은 슬프고 안타까운 마음으로 부처님의 뒤를 따랐습니다. 얼마 되지 않았을 때 피곤함을 이기지 못한 부처님께서는 길가의 나무 그늘을 찾으셨습니다.

"아난다여, 목이 마르구나. 물을 가져 오거라."

설사와 더위에 시달린 부처님은 갈증이 심한 상태였습니다. 이를 잘 아는 아난존자는 당장이라도 시원하고 깨끗한 물을 올리고 싶었으나 그럴 수가 없었습니다.

"부처님, 이 개울의 물은 부족하고 깨끗하지 못합니다. 조금 더 가시면 강이 있습니다. 강의 물은 달고 시원하며 목욕을 하실 수 있을 정도로 충분합니다. 이곳에서 잠시 쉬셨다가 강에 도착하시면 물을 드십시오."

부처님의 명을 거역하는 아난존자의 목소리는 죄송함으로 가득

했습니다. 하지만 아난존자는 부처님의 재촉에 결국 두 손으로 발우를 들고 개울로 향했습니다. 그런데 아난존자가 강에 다다르자 더러운 물은 맑은 물로 변하고 시원한 바람이 불어 발우 가득 시원한 물을 담아 부처님께 올렸습니다. 갈증이 심했던 부처님께서는 아난존자가 올린 물을 한참 동안 드시며 수분을 충분히 보충하였고 조금이나마 기력을 회복하실 수 있었습니다.

시원한 물을 드신 부처님께서 잠시 선정에 드셨을 때였습니다. 부처님의 고요한 모습을 본 뿍꾸사가 다가왔습니다. 그의 스승은 세간 선정을 얻은 알라라칼라마로 많은 존경을 받았던 수행자였습니다. 알라라칼라마는 부처님께서 출가 후 여러 스승을 찾아다녔을 때, 부처님은 그에게 배움을 청하여 세간 선정의 경지에 이내 도달하였으나 그 이상의 깨달음을 성취하기 위해 그를 떠났습니다. 그 알라라칼라마의 제자 뿍꾸사가 부처님을 찾아와 다가가 인사를 올리며 말했습니다.

"부처님이시여! 저는 빠와에 살고 있는 뿍꾸사입니다. 지금 이처럼 맑고 고요한 당신의 모습을 뵈니, 마치 저의 스승을 뵙는 것 같습니다. 언젠가 저의 스승께서 선정에 드셨을 때, 500대의 수레가 요란하게 그 옆을 지나갔지만 스승님의 고요함은 전혀 흐트러짐이 없었습니다. 이에 저는 스승을 존경하게 되었습니다."

뿍꾸사의 말을 들은 부처님께서는 감았던 눈을 뜨시며 그에게 물어보셨습니다.

"그런 일이 있었는가? 그렇다면 뿍꾸사여, 내가 묻는 말에 편히 대답해보라. 한 사람은 잠에 들지 않았고 의식도 확실했다. 그 상태에서 눈앞에 500대의 수레가 지나가는 것을 보지 못하고 듣지 못하며 의식하지 못했다. 다른 한 사람 또한 잠에 들지 않았고 의식도 확실했다. 그 상태에서 천둥과 번개가 내리치고 벼락이 떨어졌는데 이를 보지 못하고 듣지 못하며 의식하지 못했다. 이 중 어떤 사람의 선정이 더 깊은 경지라고 생각하는가?"

부처님의 질문을 들은 뿍꾸사는 한 치의 망설임도 없이 대답하였습니다.

"부처님이시여! 그것은 말할 필요도 없습니다. 500대가 아니라 1000대의 수레가 지나간다 한들 그 소리를 어찌 천둥, 번개, 벼락에 비할 수 있겠습니까?"

뿍꾸사의 대답을 들으신 부처님께서는 당신께서 아뚜마 마을의 초막에서 지내셨을 때 천둥, 번개, 벼락이 내리쳤던 이야기를 해 주시며, 선정의 가장 높은 단계인 모든 마음 작용이 소멸된 선정에 대하여 법을 설해주셨습니다. 부처님께서 법문을 마치시자 뿍꾸사는 부처님의 두 발에 이마를 대고 공손히 예배를 올리며 말하였습니다.

"부처님이시여! 참으로 희유하고 훌륭합니다. 부처님께서는 넘어진 사람을 일으켜주시고, 길을 헤매는 사람에게 바른 길을 알려주시며 우매한 저에게 진리를 설해주셨습니다. 이제부터 저는 부처님께 귀의하겠습니다. 부처님과 부처님의 가르침과 스님들께 귀의하겠습니다. 허락해 주십시오."

그렇게 스승 알라라칼라마의 선정을 자랑하고자 했던 뿍꾸사는

| 부처님의 열반상 조각

| 열반에 든 붓다, 인도 2~3세기

부처님 앞에서 귀의한 마지막 재가 불자가 되었습니다. 부처님께 귀의한 뿍꾸사는 벅차고 감격스러운 마음을 감추지 않았고 하인을 시켜 금실로 짠 자신의 황금 옷을 가져오게 하였습니다. 그리고 두 손으로 공손히 부처님께 황금 옷을 바쳤습니다. 부처님께서는 뿍꾸사가 바친 황금 옷을 받으며 말씀하셨습니다.

"뿍꾸사여, 그 옷을 받으리라. 한 벌은 나에게 주고, 아난다에게도 한 벌을 올려라."

갑작스러운 부처님의 말씀에 아난존자는 깜짝 놀랐으나 뿍꾸사는 더욱 기쁜 마음으로 두 벌의 황금 옷을 바친 뒤 예배를 올리고 떠났습니다.

아난다여 슬퍼하지 마라

　마지막 재가 신도가 된 뿍꾸사에게 황금 옷을 보시받으신 부처님은 히란야바티강으로 향하셨습니다. 강가에 도착한 부처님께서는 목욕을 하시고 잠시 휴식을 취한 뒤 쿠시나가르의 사라나무 숲으로 가셨습니다. 그리고 커다란 나무들 사이로 나란히 서 있는 사라나무 두 그루 앞에 섰습니다. 그곳이 바로 부처님께서 열반에 드실 자리였습니다. 어느덧 날은 저물어 붉게 물든 노을이 가득한 하늘 위로 달이 떠오르기 시작했습니다. 부처님께서는 지친 목소리로 말씀하셨습니다.

　"아난다여, 여래는 몹시 피곤하구나. 이 두 그루의 사라나무 사이에 자리를 펴라."

　아난존자가 자리를 펴자 부처님께서는 북쪽으로 머리를 두고 오른쪽 옆구리를 바닥에 댄 채 비스듬히 누우셨습니다. 그 순간 때 아닌 사라나무 꽃들이 만발하더니 이내 은은한 향기를 가득 품은 하얀 꽃잎이 떨어지면서 부처님의 몸을 부드럽게 덮었습니다. 꽃과 향기가 사라나무 숲을 가득 채워가는 동안 천상의 신들은 만다라

　　　　선묵혜자 스님과 함께 부처님 성지에서 배우는 불교 上

| 아난존자상, 중국 명대에 조성

꽃을 뿌리고 아름다운 음악을 연주하여 부처님께 공양을 올렸습니다. 아난존자는 사라나무와 천상의 신들이 올리는 공양에 감탄하였습니다. 그러자 부처님께서는 지그시 감았던 눈을 뜨며 말씀하셨습니다.

"이렇게 특별한 공양과 예배는 여래를 참으로 존경하는 것이 아닙니다. 향기로운 꽃과 아름다운 음악을 바치는 것은 여래를 공양하는 것이 아닙니다. 법을 법답게 받들고 진리에 따라 바르게 행동하는 것이야말로 최상의 공양이다."

부처님께서는 마지막 순간, 가장 중요한 공양은 물질적인 것이 아니라 법을 지키고 실천하는 것임을 강조하신 것입니다. 한편 열반의 시간이 멀지 않았음을 직감한 아난존자는 슬픔을 참지 못한 나머지 홀로 자리에서 빠져나와 참았던 울음을 터트렸습니다. 그렇게 한참을 소리 없이 통곡하고 있을 때 아난존자를 찾으신 부처님께서는 슬픔을 주체하지 못해 눈물을 흘리는 아난존자를 보며 다정하게 말씀하셨습니다.

"아난다여, 울지 마라! 슬퍼하지 마라! 그대는 오랜 세월 몸으로, 입으로, 한결같은 마음으로 정성을 다하여 여래를 보살펴 주었다. 이는 비교할 수 없는 자비의 힘이다. 그대는 선업을 지은 사람이다. 오래지 않아 모든 번뇌가 다한 아라한이 될 것이다. 또한 비구들이여, 이를 알라! 과거에 계셨던 부처님들과 미래에 출현하실 부처님들께도 아난다 같은 시자가 있을 것이다. 하지만 아난다보다 넘치는 시자는 없을 것이다. 또한 비구들이여, 아난다는 놀라운 공덕을 갖추었다. 누구나 아난다를 보기만 하여도 기뻐하며, 아난다가 법을 설하면 그 법을 듣고 기뻐한다."

아난존자는 황량하기 그지없는 초라한 숲속에서 부처님이 열반에 드시는 것이 너무나 안타깝다는 마음이 솟구쳤습니다.

"세존이시여, 왜 이렇게 작고 외진 마을의 변두리에서 열반에 드시려고 하는 것입니까? 부디 그만두시옵소서. 이런 작은 쿠시나가르 마을이 아니라도 찬빠나, 라자그리하, 사왓티, 사께따, 꼬삼비, 바라나시 같은 큰 마을이나 도시가 있지 않사옵니까? 세존이시여, 도시나 큰 마을에서 열반에 드시는 것이 좋을 것 같습니다. 도시나 큰 마을에는 왕족의 큰 집회장과 브라만의 큰 집회장, 부자의 큰 집

선묵혜자 스님과 함께 부처님 성지에서 배우는 불교 上

| 열반탑 뒤쪽에 잇는 아난다 수투파

회장이 있으며, 세존께 존경하는 마음을 품고 있는 이도 많이 있으므로 세존께서 보여 주실 사리도 정성을 다해 수습하지 않겠습니까?"

아난존자의 간청에는 부처님께서 열반에 드시는 날을 며칠이라도 연기하고자 하는 간절한 바람이 담겨 있었습니다. 부처님은 아난을 자애롭게 달랬습니다. 그 지극한 마음을 아신 부처님께서는 사라나무 숲을 천천히 돌아보며 말씀하셨습니다.

"아난이여, 그런 말을 하지 말라. 이 쿠시나가르를 작고 외진 마을이라고 말하지 말라. 지금의 쿠시나가르 마을은 작고 외지지만 예전에는 그렇지 않았느니라. 아난이여, 옛날에 마하수닷사나(大善見)왕이 있었느니라. 그는 전륜성왕으로서 혈통이 바르고 법에 맞는 왕이었느니라. 전생에 여래는 이 쿠시나가르국 수도에서 태어나 왕이 된 일도 있었느니라. 그러나 여래는 '부귀영화도 오래 지속할 수 없는 것이요, 몸도 무상한 것인바, 오직 법만이 진실할 뿐이다. 그러니 법을 받들어야 한다는 것을 알았네.' 하고 왕위를 버린 채 오로지 수행만 하였느니라. 쿠시나가르는 이처럼 여래에게 숙

연(宿緣)이 있는 곳이니라. 이곳에서 열반에 드는 것은 이 땅으로부
터 받은 은혜를 조금이나마 갚고자 함이니라."

부처님께서는 전생 인연이 있는 곳의 사람들에게 조금이나마 은
혜를 갚고자 쿠시나가르를 열반지로 선택하였습니다. 부처님의 말
씀을 들은 아난존자가 다시 여쭈었습니다.

"부처님이시여, 예전에는 여러 지역에 머물던 스님들이 부처님
을 뵙고 마음의 힘을 키우는 기회를 얻었습니다. 이제 부처님이 계
시지 않게 되면 그런 기회를 얻지 못할 것입니다."

그러자 부처님께서 말씀하셨습니다.

"아난다여, 신심과 선근을 갖춘 이들이 지혜를 키울 수 있는 장소
가 있다. 첫째는 여래가 태어난 룸비니이며, 둘째는 여래가 위 없는
깨달음을 성취한 보드가야 보리수이며, 셋째는 첫 법륜을 굴린 사
르나트의 녹야원이며 마지막 네 번째는 바로 여래가 열반에 드는
쿠시나가르의 사라나무이다. 미래의 비구, 비구니들과 선남, 선녀
들은 이 네 곳을 참배함으로써 지혜와 많은 이익을 얻을 것이다."

수밧다, 마지막 제자가 되다

아난존자의 질문과 간청에 빠짐없이 답을 하고 나자 어느덧 한밤중이었습니다. 시간이 많이 남지 않았다는 것을 아신 부처님께서는 아난존자를 시켜 쿠시나가르의 말라족에게 오늘 밤 열반에 들 것을 알려주라고 당부하셨습니다. 뜻밖의 소식을 들은 말라족은 슬퍼하며 부처님께 차례로 예배를 올렸습니다. 말라족의 예배가 막 끝났을 때였습니다. 쿠시나가르에 살고 있던 외도 수행자 수밧다가 사라나무 숲으로 찾아왔습니다.

"오늘 밤 부처님이 입멸할 것이라는 소식을 들었오. 나에게는 도저히 해결할 수 없는 문제가 있기 때문에 부처님을 뵙게 해주시오."

"수밧다여! 그럴 수 없소. 부처님께서는 지금 매우 지쳐 있소. 부디 여래를 괴롭히는 일은 하지 마시오."

두 번 세 번 외도 행자 수밧다는 간청했습니다. 아난다는 끝내 거절했습니다. 말다툼하는 것이 부처님 귀에도 들렸습니다. 그때 부처님의 음성이 들려왔습니다.

"그만두어라, 아난다야! 수밧다를 가로막지 말아라. 수밧다가 나

| 부처님 열반지
쿠시나가르 수투파 유적

에게 묻고자 하는 것은 깨달음을 얻으려는 것이지, 나를 번거롭게 만드는 것은 아닐 것이다. 그 의문에 따라 내가 설명하는 것을 듣고 수밧다는 빨리 이해할 것이다."

수밧다는 부처님이 쉬는 곳으로 들어갔습니다. 부처님 가르침인 사성제·팔정도를 들은 수밧다는

"부처님이시여! 참으로 훌륭하십니다. 지금 말씀을 듣고 저는 눈에서 비늘이 떨어진 듯하옵니다."

라고 환희에 잠겼습니다. 부처님의 자비로움 덕분에 질문할 기회를 얻은 수밧다는 자신의 의문에 대하여 빠짐없이 여쭤보았습니다. 부처님은 필요한 질문에만 대답을 해 주신 뒤 출가 후 지금까지 수행자로서 지내온 삶과 당신이 성취한 깨달음에 대하여 가감 없이 답해주셨습니다. 법문이 끝났을 때, 비로소 바른 진리에 눈을 뜬 수밧다의 마음은 환희로 가득했고 출가 제자가 되기를 청하였습니다. 그의 마음에 신심이 넘치고 있다는 것을 아신 부처님의 허락 덕분에 외도 수행자 수밧다는 삼보에 귀의한 마지막 출가 제자가 되었습니다. 이에 감격한 수밧다는 예배를 올린 뒤 부처님의 자비를

찬탄하며 외쳤다.

"오, 부처님 앞에서 제자가 되는 의식을 할 수 있었던 것은 가장 행복한 선물이며 행운 중의 행운입니다."

방일하지 말고 정진하라

　수밧다가 귀의하고 난 후, 부처님께서는 곧바로 제자들을 향해 말씀하셨습니다.

　"여래와 승가와 법에 대하여 의심이 있는 사람은 없는가? 있다면 지금 묻도록 하라. 때를 놓치고 후회하지 마라. 살아있는 동안 그대들을 위해 모두 말해주리라."

　제자들은 마지막까지 법을 설해주시고자 하는 부처님의 끝없는 자비에 감동하였으나 힘겨워하는 부처님을 보면서 누구도 쉽게 입을 열지 않았습니다. 부처님께서 거듭 두 번을 더 물어보셨지만 아무도 질문하는 이가 없자 아난존자가 나섰습니다.

　"이 자리에 있는 제자 중에서 부처님과 승가와 법에 대하여 의심하는 이는 없습니다."

　아난존자의 대답을 들은 부처님께서는 제자들을 한 분 한 분 찬찬히 바라보았습니다. 그리고 그들의 마음이 아난존자의 말과 다름없다는 것을 확인한 후 마지막 당부를 남기셨습니다. 그것은 영원히 가슴에 새겨야 할 최후의 사자후였습니다.

| 마타꾸아르 사원내 불상

| 아잔타 26번 석굴에 새겨진 붓다의 열반상

"여래가 열반한 후 이제 스승이 없다, 가르침이 없다고 생각해서는 안 된다. 여래가 지금까지 가르친 법과 계율이 그대들의 스승이 될 것이다. 마지막으로 간곡하게 당부하노라. 모든 형성된 것들은 무너지기 마련이니 방일하지 말고 부지런히 정진하라."

이 말씀을 끝으로 부처님께서는 눈을 감고 고요한 선정에 드셨습니다. 부처님께서 열반으로 가는 선정에 드신 후 사라나무 숲은 고요해졌습니다. 영원한 이별의 슬픔 속에서 제자들은 아무도 입을 열지 않았고 천상의 신들도 숨을 죽인 채 부처님의 마지막을 배웅하였습니다. 한참이 지나 무거운 침묵을 깬 것은 아난존자였습니다. 부처님께서 조금의 움직임도 없고 호흡조차 멈춘 것을 확인한 그는 아누룻다(아나율)존자에게 다가가 조심스럽게 물었습니다.

"아누룻다 장로님, 부처님께서 열반에 드셨습니까?"

부처님의 혈통이자 석가족 왕자였던 아누룻다 존자는 아난존자와도 각별했고 부처님의 마지막을 지키고 있는 제자들 가운데 가장 법랍이 높은 장로 중 한 명이었습니다.

"부처님께서는 아직 열반에 드시지 않으셨습니다. 지금은 선정에 들어계시니 이를 방해하지 마십시오. 선정에서 깨어나신 후 열반에 드실 것입니다."

선묵혜자 스님과 함께 부처님 성지에서 배우는 불교 上

아누룻다 존자의 대답을 들은 아난존자는 조용히 부처님의 곁을 지켰습니다. 그렇게 얼마의 시간이 흘렀을까. 갑자기 산이 무너지는 것 같은 우레 소리가 마치 통곡처럼 천지를 뒤흔들고 사방에서 맹수들이 일제히 포효를 하였습니다. 가슴을 파고드는 비통하고 구슬픈 포효였습니다. 이를 시작으로 대지는 진동을 하였고 밤하늘에 가득하던 별들이 우수수 떨어졌습니다. 고요히 흐르던 강물 또한 방향을 바꿔 거꾸로 흘렀고, 먼바다에서는 파도가 솟구쳤습니다. 처음에는 어리둥절하여 몸을 가누기에 급급하던 제자들은 부처님께서 완전한 열반에 드셨다는 것을 알고 땅을 치며 흐느꼈고 천상의 신들 또한 거룩한 스승을 잃었음에 슬퍼하며 눈물을 흘렸습니다. 그렇게 소란하고 고요한 밤이 지나고 새벽이 밝아올 무렵, 아누룻다 존자가 입을 열었습니다.

"아난존자님, 이제 마을로 가서 말라족에게 부처님께서 열반에 드셨음을 알려주십시오."

부처님이 열반하셨다는 소식을 들은 말라족은 비탄에 잠겼습니다. 하지만 부처님의 장례를 치르기 위해 책임을 다하고자 했습니다. 아침이 되자 쿠시나가르 백성은 스님들이 머물 천막을 만들었고, 향과 기름, 꽃다발을 두 손에 든 말라족은 사라나무 숲으로 향했습니다. 말라족과 쿠시나가르 백성들은 부처님 유해에 음악과 춤, 꽃과 향을 바치며 정성껏 공양을 올렸습니다. 그렇게 6일 밤낮이 지나고 7일째 되던 날, 마침내 말라족 지도자들은 부처님 법체를 다비하기로 결정하였습니다.

　신중하고 엄격한 회의를 통해 부처님의 법체를 운반할 8명의 말
라족 지도자들이 선정되었습니다. 8명의 말라족 지도자들이 부처
님의 유해를 들어 올린 순간, 하늘에서 내려온 온갖 꽃들이 쿠시나
가르의 모든 거리를 가득 메웠습니다. 이들은 부처님의 법체를 들
고 북쪽 성문으로 들어가 도시 중앙을 거쳐 동쪽 성문 밖으로 나왔
습니다. 그리고 말라족 왕들의 영토인 마꾸따 반다나(천관사)로 향
했습니다.

　부처님의 다비가 진행 될 마꾸따반다나에는 온갖 종류의 향기로
운 나무들을 쌓아 올려 만든 장작더미가 만들어져 있었습니다. 다
비를 준비하고 있던 말라족은 향기로운 물과 기름으로 부처님의
법체를 닦은 뒤 새 옷과 새 무명베로 부처님을 감싸고 또 감쌌습니
다. 그리고 기름을 담은 황금관 안에 부처님의 법체를 봉안한 뒤 장
작더미 위에 올린 후 뚜껑을 덮었습니다. 이제 남은 것은 부처님의
법체에 불을 붙이는 것뿐이었습니다.

마하가섭에게 법을 전하다

　빠와 마을에서 500명의 비구들과 함께 안거를 보내고 있던 마하가섭 존자는 부처님이 열반하신 것을 알고 서둘러 쿠시나가르로 향했습니다. 발걸음을 재촉하던 마하가섭 존자는 길에서 한 수행자를 만났습니다. 그는 아름다운 꽃 한 송이를 들고 있었습니다. 마하가섭 존자가 혹시 부처님의 소식을 알고 있는지 묻자 수행자가 말했습니다.

　"부처님께서 열반에 드신 지 오늘이 7일째 되는 날입니다. 내가 지금 들고 있는 이 꽃이 바로 부처님의 장례가 진행되는 쿠시나가르의 하늘에서 떨어진 만다라 꽃이랍니다."

　수행자의 이야기를 들은 마하가섭 존자는 부처님의 열반을 지키지 못했다는 생각에 가슴이 무너져 내리는 것 같았습니다. 하지만 슬퍼할 시간조차 없었습니다. 마하가섭 존자는 비통해하는 비구 스님들을 다독이며 쿠시나가르를 향해 쉼 없이 걷고 또 걸었습니다. 그리고 마침내 다비를 앞둔 부처님의 장례에 도착할 수 있었습니다.

　다비의 책임을 맡은 말라족 지도자들은 장작더미에 불이 붙지 않아 애를 먹고 있었습니다. 쿠시나가르에 도착한 마하가섭 존자가 비구 스님들과 함께 부처님의 관이 놓인 장작더미 앞에서 합장을 하고, 오른쪽으로 세 번을 돌며 예를 갖추자 부처님의 두 발이 황금관 밖으로 나타났습니다. 부처님께서는 의발(衣鉢) 제자 마하가섭 존자를 기다리고 계셨던 것이었습니다. 마하가섭 존자는 부처님의 자비와 은혜에 감동하며 두 발에 이마를 대고 마지막 예배를 올렸습니다.

　마하가섭 존자의 예배가 끝나자 장작더미에서 저절로 불길이 일어났습니다. 하늘을 삼킬 듯 치솟은 불길은 한 줌의 그을음도 없이 부처님의 유골만 남긴 채 모든 것을 완전히 태웠습니다. 다비가 끝나자 하늘에서는 비가 내리고 장작더미 아래서는 물이 뿜어져 나와 불이 저절로 꺼졌습니다.

　다비가 끝난 뒤, 말라족은 부처님의 유해를 수습하여 왕실 회의장으로 옮겼습니다. 모든 것을 태우고 황금마저 녹여버린 불길 속

에 남은 것은 진주처럼 영롱한 빛을 내는 사리였습니다. 말라족은
이 사리를 항아리에 담아 회의장 중앙에 모신 뒤, 다시 7일 동안 정
성껏 공양을 올렸습니다.

열 개의 사리탑이 세워지다

　부처님의 열반 소식을 들은 각국의 사신들이 쿠시나가르에 도착하기 시작했습니다. 마가다국의 아자타삿투왕이 보낸 사신이 가장 먼저 도착하였고 이어서 바이샬리의 릿차위족을 비롯하여 여러 나라에서 파견된 사신들이 부처님의 사리가 모셔진 회의장에 모였습니다. 이들은 모두 부처님의 사리를 원했습니다. 하지만 말라족은 사신들의 요구를 거절하며 말했습니다.

　"그대들은 여러 이유로 부처님의 사리를 분배해달라고 요구하고 있지만, 부처님께서는 이곳 쿠시나가르에서 열반에 드셨습니다. 그러니 그 요구에 응할 수 없으며 사리를 분배해야 할 의무 또한 없습니다."

　말라족 지도자들이 사리의 분배를 거부하자 회의장은 일순간 긴장에 휩싸였습니다. 회의장 밖은 말라족 군사들과 각국의 사신들과 함께 온 군사들이 지키고 있었습니다. 험악해진 분위기를 감지한 군사들은 무기를 잡은 손에 힘을 주었고, 사신들은 말라족 지도자들을 노려보았습니다. 이때 아자타삿투왕이 파견한 사신이자 현

　선묵혜자 스님과 함께 부처님 성지에서 배우는 불교 上

명함으로 명성 높은 바라문 도나가 입을 열었습니다.

"여러분, 제 말을 들어주십시오. 부처님께서는 항상 분별없는 자비와 관용을 설하셨습니다. 그런데 지금 우리가 그분의 사리를 둘러싸고 다툼을 벌이거나 폭력을 사용한다면 이는 부처님의 가르침에 어긋나는 것이 아닙니까? 부처님의 사리를 공평하게 나누어 곳곳에 탑을 세우고, 화목을 도모하는 것이 옳지 않겠습니까?"

바라문 도나의 목소리는 낭랑하고 부드러웠지만 그의 논리에는 한 치의 빈틈도 없었습니다. 부처님의 사리를 독차지하고 싶었던 말라족 지도자들은 자신들의 생각을 계속 주장한다면 분란이 생길 것이며 이는 부처님의 가르침에 정면으로 위배 된다는 것을 인정할 수밖에 없었습니다.

"도나여, 그대가 말한 것이 최선입니다. 우리는 당신의 의견을 따르겠습니다. 수고스럽겠지만 그대가 직접 부처님의 사리를 공평하게 나눠줄 것을 청합니다."

부처님 사리 배분을 놓고 벌어진 갈등은 현명한 바라문 도나의 설득 덕분에 무사히 마무리 될 수 있었습니다. 도나는 부처님의 사리를 여덟 등분하여 공평하게 나눴고, 말라족과 여덟 나라에서 파견된 사신들 모두 만족하였습니다.

마가다국 아자타삿투왕은 라지기르에 사리탑을 세우고, 바이샬리의 릿챠비족은 바이샬리에, 카필라바스투의 석가족은 카필라바스투에, 알라캇파의 부리족은 알라캇파에, 라마 마을의 콜리족은 라마 마을에, 베타디파의 브라만은 베타디파에, 파바의 말라족은

| 부처님 다비장 터에 세워진 라마바르 스투파

파바에, 쿠시나가라의 말라족은 쿠시나가라에 부처님의 사리탑을
세웠습니다.

　도나 바라문은 부처님의 사리를 넣었던 항아리를 얻어 탑을 세
웠고, 사리 분배 후 늦게 도착한 핍팔리바나의 모리야족도 부처님
의 유해를 다비한 재를 얻어 핍팔리바나에 탑을 세워 공양을 올렸
습니다. 이렇게 해서 여덟 개의 사리탑과 아홉 번째의 항아리 탑,
열 번째의 재 탑을 합해 모두 열 개의 탑이 세워졌습니다.

인도에서 불교가 쇠퇴한 이유는

    기원전 6세기에 인도에서 발생한 불교는 기원후 12세기가 되면 인도 내에서 거의 자취를 감추고 맙니다. 어떤 이유로 발생지 인도에서 불교가 사라지게 되었을까? 종교인은 물론 일반인에게 궁금증으로 다가옵니다. 현재 인도의 종교는 힌두교가 80%를 차지하고 이슬람이 13% 정도이고 나머지는 기타 종교인데 불교는 0.7% 정도로 교세가 매우 약합니다.

    불교는 기원전 6세기경에 고타마 싯다르타라는 석가족의 왕자가 보리수나무 아래에서 깨달음을 얻음으로써 시작되었습니다. 석가모니 부처님의 등장으로 기존의 종교에 큰 혁명을 불러오고 불교는 크게 부흥하게 됩니다.

    초기 불교는 카스트제도의 억압과 과중한 세금으로 고생하던 민중들에게 구원과 평등은 하나의 희소식이었습니다. 불교를 믿는 사람들이 점점 늘어나면서 왕족들과 귀족, 상인들이 후원에 나섰습니다. 하지만 부처님 열반 후 권력과 결탁한 불교 교단은 초심을 잃고 민중보다 권력 집단을 옹호하는 편에 서게 되었습니다. 왕족

| 인도에서 불교가 쇠퇴한 원인은 불교의 귀족화와
불교의 힌두화, 이슬람의 침입 등도 있지만, 가장큰 이유는
부처님의 가르침을 등한시하고 멀리함에 있다.

들과 귀족들이 적극적인 후원으로 불교는 이미 집권 세력의 종교
였지 민중의 종교는 아니었던 것입니다.

　그럼에도 기원전 260년경 인도를 통일한 아소카왕은 불교를 국
교로 제정하여 불교는 전성기를 누리게 됩니다. 아소카왕은 인도
를 정복하면서 살생업을 많이 짓게 되어 이를 참회하기 위해서 불
교에 귀의하고 이웃 나라에까지 불교가 전파하여 불교가 세계적인
종교로 발전하는데 지대한 영향력을 미치게 됩니다. 이처럼 불교
는 아소카왕 때 인도에서 전성기를 맞게 되고 국제적인 종교로 자
리매김을 하기 시작하였지만, 이때부터 불교는 몰락의 시점을 맞
이하게 되었습니다.

　이유는 왕족이나 귀족 그리고 상인들의 막대한 후원으로 엄청난
재산을 축적한 승려들은 탁발 시주를 하러 다니려 하지 않았습니다.

게다가 나태해진 승려들은 먹을 것이 넘치는 사원에서 나오지 않으려 했습니다. 불교를 민중에게 전파할 사람이 없게 된 것입니다.

여기에 스님들 각자는 일반인을 위한 대중적인 노력보다 부처님이 거부했던 형이상학적인 논의에 치중하는 경향을 보이기 시작했습니다. 스님들은 사원에 틀어박혀 온갖 경전 이론만 만들어냈습니다. 더욱이 일반 대중의 언어로 포교를 한 것이 아니라 일부 지식인들만 이해할 수 있는 산스크리트어로 경전을 만들기 시작했다는 것입니다.

그러니까 종래의 지방어인 빨리어 등 일반 민중들의 언어를 사용하여야 한다는 부처님의 가르침과는 달리 극히 일부 지식인들이나 아는 산스크리트어로 경전을 만들고 의식을 행했던 것입니다. 물론 민중들은 그 언어를 알아들을 수 없었습니다. 불교의 교리 자체가 심오했기 때문에 일반 대중들은 알아듣기 어려워 불교의 교리 개념이 어려운 데다가 기존에 가정에서 행해지는 전통의식도 중요시하지 않았기 때문에 대중의 삶에 파고들기 어려웠습니다.

여기에 더해 존재에는 반드시 그것이 일어난 인연이 있다는 연기(緣起)나 불교의 핵심 교리인 사성제(四聖諦), 깨달음을 얻기 위한 수행법인 팔정도(八正道) 등 불교의 가르침은 하나 같이 지식인들이나 이해할 수 없는 밖에 없는 것들이었습니다. 즉 민중들이 이해하기에 너무 철학적이고 학문적이었다는 것입니다.

또한 1세기경부터 나타나기 시작한 대승불교 운동은 부처님을 깨달은 사람에서 점차 신격화하는 형태를 취했습니다. 따라서 각

| 세계 7대 불가사의 중 하나로 이슬람교와 힌두교 문화가 동시에 어우러지는 타지마할

자 자신의 노력을 통한 깨달음의 종교는 점차 절대신에 의존하는 브라흐마니즘과 유사한 종교 형태를 띠기 시작했습니다. 불교가 '세속적인 감각과 동떨어진 까다로운 것'이라는 인식이 큰 영향을 미치기 시작했습니다.

깨달음을 얻기 위한 참선이나 기도 같은 불교 수행법 역시 결코 민중들이 할 수 있는 일이 아니었습니다. 특히 관혼상제 같은 가정의식이나 종교의례를 전혀 강제하지 않았기 때문에 인도인의 일상에 뿌리내릴 수 없었습니다. 인도인들은 당장 눈에 보이는 신상, 그 신에게 복을 비는 것이 훨씬 마음이 편하고 쉬운 일이었던 것입니다. 불교의 무소유 역시 당장 하루하루 생존을 위해 싸우는 민중들에게 사치였던 것입니다. 결국 민중들은 불교에 등을 돌리고 이해하기 쉬운 힌두교로 넘어갔습니다.

불교는 본질적으로 개인의 깨달음과 윤리적인 삶을 추구하는 가르침입니다. 따라서 종교이면서도 죽은 자에 대한 의례나 조상숭배 의례, 결혼식 등의 세속적인 일에는 일절 관여하지 않았습니다. 하지만 종교의례는 민중의 생활에 없어서는 안 될 필수 요소입니다. 이에 따라 인도 사람들은 불교를 믿는 동시에 제사에 관해서는 힌두교 방식을 접목하는 절충안을 만들어냈습니다. 힌두교는 오랜 옛날부터 전해 내려오는 토착 신앙과 풍속을 접목해 성립된 종교로, 특히 제사 지내는 것을 중시합니다. 이로 인해 인도의 불교는 결국 힌두교에 자리를 빼앗기고 말았습니다. 소박한 민간신앙을 받아들이지 못한 것과 교단의 조직화 및 사회화를 게을리 한 대가를 치른 것입니다.

이때 한때 불교에 밀려났던 브라만교는 대혁신에 나섰습니다. 불교가 지배집단의 후원으로 나태할 때 불교에서 밀려난 브라만교는 힌두교란 이름으로 부활하기 시작한 것입니다. 산스크리트어로 된 어려운 개념의 불교보다 그 당시 인도인들은 신을 모시고 복을 빌기 시작했습니다. 이것이 대중들에 훨씬 접근하기 쉬웠던 것이지요. 석가모니의 탄생으로 불교가 크게 부흥을 하고 사라졌었던 브라만교가 불교의 교리를 흡수하여 힌두교라는 모습으로 탈바꿈해서 나타나게 됩니다.

힌두교는 아예 부처님마저 힌두교의 신의 비슈누의 화신이라고 교리를 만들어버립니다. 힌두교의 관점으로는 부처는 비슈누가 인간 세상을 구원하기 위해 화신이라고 보는 것입니다. 힌두교가 불교의 교리를 흡수하기 시작하면서 위기감을 느낀 불교는 차차 힌두교를 받아들이기 시작했는데, 이것이 오히려 역효과가 났습니다. 힌두교와 불교가 큰 차이가 없다는 느끼기 시작하자 이러면 뭐하러 불교를 믿냐는 인식이 생겨나기 시작하면서 불교는 힌두교에 서서히 흡수되기 시작했습니다.

여기에 힌두교와 유사한 탄트라 불교까지 등장하자 구분이 거의 어려워지기 시작하였습니다. 대중들의 관심이 불교보다 힌두교에 집중되자 인도의 왕국들도 점차 불교에 대한 지원을 줄이기 시작했습니다. 카스트제도와 윤회를 믿는 힌두교가 불교보다 자신들의 통치가 유리하다고 판단했기 때문입니다. 왕족과 귀족의 후원에

| 이슬람교도에 의해 파괴된 세계 최대 바미안 석불 전후의 모습

의존하던 불교 사원 경제는 급속히 악화할 수밖에 없었습니다. 상황이 다급해지자 불교는 대중들에게 호감을 끌기 위해 힌두교를 대폭 수용하기 시작했습니다. 불교는 힌두교 신들을 여러 보살로 신격화하고 소원을 빌도록 했습니다. 관세음보살상에 힌두신처럼 팔이 여러 개 있는 것이 그 흔적입니다. 석가모니 부처님께서 생전에 강력하게 비판했던 주술과 복을 비는 기복신앙이 불교에 도입된 것입니다.

이렇게 되자 9-10세기경부터 불교는 힌두교와 구분조차 할 수 없게 되었고 불교의 정체성은 완전히 사라져 버리게 되었습니다. 그 결과는 불교의 기대와 달리 오히려 불교 인구는 급속도로 감소하였고 불교도들조차 사원 대신 가정에서 가까운 힌두 사원을 찾게 된 것입니다. 오늘날에도 인도에서 불교는 힌두교의 아류 정도로 대접을 받는 이유입니다.

이렇듯 총체적인 난국에 빠진 불교에 결정타를 날린 종교는 이슬람입니다. 7세기 아라비아 사막에서 시작된 이슬람은 아프가니스탄이 이슬람화된 8세기부터 본격적으로 인도를 넘보기 시작했습니다. 우선 이슬람의 출현으로 유럽으로 향하던 인도 무역로가 모두 막히게 되었습니다. 이 시기에 이슬람 왕조는 인도에 침략하여 불교와 힌두교 성지를 파괴하고 스님들을 학살하는 만행을 저질렀습니다. 이는 당연히 인도의 왕족과 상인들의 몰락을 가져왔습니다. 지배층의 후원에만 의존하던 불교의 재정은 바닥나고 회생 불가능한 상태에 놓이게 되었습니다. 이후 이슬람은 끊임없이 인도를 침입해 크고 작은 왕국을 만들었습니다. 특히 10세기 말 아프간을 지배하던 튀르크 혈통의 가즈니 왕조와 구르 왕조는 986년부터 시작된 일련의 약탈 원정에서 인도에 막대한 피해를 줬습니다.

　　불교의 총본산이었던 사원은 물론 수없이 많은 불교 사원이 파괴되고 승려들이 살해되고 노예가 되었습니다. 그리고 재산도 약탈당했습니다. 이미 쇠락해 가던 인도 내의 불교는 이로써 치명타를 받았습니다. 살아있는 승려들은 경전을 수레에 실어 대거 네팔과 티베트 등지로 탈출 했습니다.

　　인도에서 불교는 힌두교의 카스트제도를 부정하는 인간 평등사상 덕에 빨리 거대종교로 발전할 수 있었습니다. 불교의 존재 이유가 바로 평등이라는 일종에 이데올로기였습니다. 그런데 어느 날 이슬람이 불교와 힌두교 사이에 문득 끼어든 것입니다. 문제는 불교와 이슬람은 공통점이 많다는 사실입니다. 상업 세력이 기반, 반

카스트제도, 인간 평등 등입니다.

　그러함에도 차이가 분명 존재했습니다. 불교는 반카스트제도, 평등주의 등을 구현할 권력이 없는 반면에, 이슬람은 시행할 권력이 있었습니다. 어찌 보면 인도에서 이슬람은 힌두교에 대항할 불교의 완벽한 대체재였다고 볼 수 있습니다. 불교가 가장 많았던 아프가니스탄, 파키스탄, 방글라데시가 모두 이 과정에서 이슬람 땅이 되었습니다.

　그 당시 침략을 받았던 불교도들은 이슬람교로 편입되면서 불교도들은 사라지게 되었습니다. 그러면 왜 대세였던 힌두교가 아닌 이슬람을 선택했을까요? 계급제도가 있는 힌두교보다는 만인이 평등하다는 이슬람의 교리가 더 좋게 와닿았기 때문입니다. 카스트의 하층 계급의 불교신자는 힌두교 교리보다는 만인이 평등하다는 교리의 이슬람을 선택하게 되는 것입니다. 석가모니 부처님이 불교를 창시할 때 내세운 것도 평등주의이긴 하나 힌두화되어 있는 불교에 더 이상 매력을 느끼지 못하고 불교의 완벽한 대체재인 이슬람을 선택하면서 불교는 쇠퇴하게 됩니다.

　인도가 불교에서 쇠퇴한 이유는 여러 학설이 있습니다. 하지만 이를 정리하면 첫째, 너무 부유해진 탓에 승려들이 노력을 게을리했습니다. 둘째, 일부 지식인들은 이해할 수 있는 산스크리트어로 경전을 만들어서 포교가 어려웠습니다. 셋째, 불교가 힌두교를 받아들이기 시작하는 것이 오히려 불교의 정체성 상실을 가져왔습니다. 넷째, 이슬람의 무역 루트 차단과 인도 침공입니다. 다섯째, 카스트 계급의 하층이 동기보다는 만인 평등주의를 이슬람을 선택한 불교 신자 등이 있겠습니다.

인도에서 불교는 13세기 초에 완전히 초토화되었습니다. 그 요인은 불교의 귀족화와 불교의 힌두화, 이슬람의 침입 등이 있습니다. 하지만 인도에서 불교가 사라진 가장 결정적인 이유는 불교가 담당했던 역할을 이슬람이 수행했기 때문에 존재 이유가 없어졌기 때문입니다. 아무리 오랜 역사를 가진 종교나 종교의 발상지라 할지라도 교주의 가르침을 등한시하고 멀리할 때 도태될 수 있음을 경고하고 있습니다.

선묵혜자 스님과 함께 부처님 성지에서 배우는 불교 上

| 인도 엘로라 동굴 중에서 가장 큰 카일라사 사원. 암반을 깎아서 절벽 안쪽에 만든 거대한 사원 안에는 힌두교, 불교, 자이나교 사원이 있다

쿠시나가르 불교 유적

열반당(涅槃堂)

남북으로 길게 만들어진 열반당은 건물 정면과 측면에 각각 둥근 창문이 있고 그 아래로 건물을 떠받치는 네 개의 기둥이 서 있다.

1903년 찬드라 스와미라는 미얀마 승려가 인도로 건너와 열반당을 종교활동을 영위하는 사원으로 되살렸다. 1927년 미얀마 불자의 보시로 다시 지은 것을, 불멸 2,500주년을 기념해 1956년 인도 정부에서 순례객들이 모이고 열반상 주변을 돌 수 있도록 열반당과 열반 탑이 앉아 있는 단을 개축하면서 함께 더 넓게 건립한 것이다. 그렇지만 순례객들이 몰리는 성수기를 감당하기에는 여전히 좁다. 발굴 과정에서 원래의 열반당은 길쭉한 형태의 참배관과 대기실로 구성되어 있었으며 입구는 서쪽을 향하고 있었던 것으로 나타났다. 폐허더미 속에서 표면이 아름답게 조각되어 있는 벽돌이 많이 발견되었는데 지금의 열반당 지붕 부분과 그리 다르지 않은 원통의 아치형 지붕이 있었음을 보여 준다.

열반상(涅槃像)

쿠시나가르 열반당 안에는 북쪽으로 머리를 두고 오른쪽 옆구리를 바닥에 댄 채 사자처럼 발을 포개고 누워 열반에 드신 부처님의 열반상이 조성돼 있다. 열반상은 길이 6.1m로 돌로 만든 7.3m 길이의 침상 위에 누워있다. 부처님의 상호가 보는 각도에 따라 세 가지로 다르게 보인다. 11세기에 조성되었으며 열반상 기단 부분엔 3분의 상이 모셔져 있는데 왼쪽부터 마지막 공양자 춘다, 마지막 제자 수밧다, 시봉자 아난다 순으로 되어 있다.

지금 열반당에 모셔져 있는 열반상은 '칼라일'이 1876년에 열반당에서 약 1.5km 동쪽에 있는 히란냐바티 강바닥에서 심하게 훼손된 상태로 찾아냈던 열반상을 복원한 것이다. 발견 당시에는 열반상이 원형을 알아보기 어려울 정도로 심하게 파손되어 있는 상태였으나, 그 조각들을 주워 모아 열반상과 기단은 거의 원래의 모습으로 복원되었으며, 1956년 불멸 2,500주년을 기념해 미얀마 불자들이 다시 금칠을 했다.

열반탑(涅槃塔)

열반당 바로 뒤쪽에 부처님이 사라 쌍수 가운데에서 반열반에 들었던 바로 그 자리에 건립되었다는 열반탑(涅槃塔)이 우뚝 서 있다. 이 거대한 벽돌탑은 현재 높이가 땅에서 19.81m이다. 7세기에 이곳을 방문해 현장 스님이 봤다고 기록했던 기

단은 이미 허물어져 기울고 있는 200여 척 약 65m높이의 아소카왕이 세운 스투파가 바로 이 탑이었는지는 알 수가 없다. 1876년 '칼라일'이 발굴했을 당시에는 심하게 훼손된 상태였으나, 1927년에 미얀마 스님들의 도움으로 복원되었다. 1972년 두 차례에 걸쳐 보수하고 증축해 오늘에 이르고 있다.

기원전 3세기 아소카왕이 세운 탑을 비롯해 4세기 초까지 쿠시나가르 곳곳에는 탑과 사원이 있었다. 그 후 7세기가 되기 전 열반상을 모신 열반당이 지어졌고 아소카왕이 세웠던 탑 역시 그사이 제법 크게 증축됐으나 이미 허물어지기 시작했다. 12세기 말 이슬람교도들의 침입 때 크게 훼손돼 사람들의 기억 속에서 잊혀져 갔다.

쿠시나가르가 다시 주목받은 것은 19세기에 이르러서다. 1838년 영국 동인도회사의 직원 '부케넌'이 방문한 이후 다시 세상에 알려지기 시작해 1876년 '커닝 햄'의 조수였던 '칼레일'이 이곳에서 약 1.5km 동쪽에 있는 히라냐바티 강바닥에서 심하게 훼손된 열반상을 찾아내며 세간의 이목이 모였다. 그리고 1911년 열반당 뒤쪽에서 범어로 '대반열반'이 새겨져 있는 동판과 '열반사'라고 새겨져 있는 도장, 그리고 두 그루 사

라나무 아래 석관이 놓여있는 문양의 도장이 발견되며 이곳이 부처님의 열반지였음이 널리 알려지게 되었다.

사라쌍수

부처님께서 열반하실 때 사라나무 두 나무 사이에는 열반에 드셨는데 두 나무를 가르켜 사라쌍수라 한다. 현재 사라쌍수를 기념으로 나무를 심어 놓았다.

다비장(라마바르 수투파)

부처님 열반 7일 후 다비식을 거행한 곳이다. 원래 왕족들을 위한 다비처였으나 거룩한 부처님을 위해 이곳을 보시하였다. 현재 다비 장소엔 사리탑이 모셔져 있으며 탑돌이 하기에 좋은 곳이다. 부처님 열반 소식을 듣고 달려온 상수제자 마하가섭의 조상이 있다.

쿠시나가르의 사라나무 아래서 열반에 든 부처님의 법체는 사람들의 애도 속에 이운돼 1.5km가량 떨어진 이곳에서 다비 됐다. 그 자리를 기

넘해 조성된 전탑이 라마바르 스투파다. 법체를 화장하기 위해 쌓아 올
렸던 장작더미처럼 흙벽돌로 쌓아 올린 커다랗고 둥근 스투파가 그 자
리를 기념하고 있다. 스투파의 기단, 사람의 손길이 닿는 곳은 온통 금
빛으로 반짝인다.

이 다비탑은 부처님의 다비식이 있고 얼마 후에 말라족이 조성했으며,
기원전 3세기에 아쇼카왕이 그리고 서기 5세기에는 쿠마라굽타 1세가
그 위에 다시 크게 세운 것으로 알려져 있다. '컨닝 햄'이 1861~1862년
에 이 지역을 조사하러 왔을 때, 이곳은 큰 구릉이었다. 이후 이어진 발
굴에서 커다란 언덕 아래에 숨겨져 있던 다비탑과 함께 불교 게송(偈頌)
이 새겨진 많은 수의 진흙 문장(紋章)들이 함께 발견되었다.

마타쿠아르 사원

열반탑에서 남서쪽으로 300m 거리
에 마타쿠아르 사원이 있다. 이 사
원은 '컨닝 햄'이 이곳이 부처님의
반열반지인 쿠시나가르임을 확인
하면서 부처님이 마지막 설법을 한
장소일 수 있다고 생각했던 곳이었
다. 조그마한 사원 건물 안에는 깨

달음을 얻는 순간 마라와의 대결에서 승리하는 극적인 순간을 묘사한
항마촉지인 자세로 앉아 있는 3.05m 높이의 청회색 사암으로 만들어
진 부처님상이 안치되어 있다. 이곳은 원래 열반당의 부속 승원의 일부
였던 것으로 추정된다. 부처님상은 1876년 '칼라일'이 발견했으며,
1927년 미얀마 신자들이 부처님이 마지막 설법을 이곳에서 행하였다

는 믿음으로 1,000년 전에 만들어진 이 부처님상을 보호할 수 있도록 사원 건물을 건립했다.

아난다 수투파

열반탑 뒤에는 벽돌 기단부만 남아 있는 아난다 스투파가 있다. 부처님의 이 세상에서의 마지막 순간을 지켰던 아난다를 기리기 위해 만들어진 스투파이다.

춘다의 공양터

춘다의 공양터는 부처님이 마지막으로 공양하신 곳이다. 대장장이 춘

다는 부처님의 설법에 감동하여 부처님 일행에게 공양을 올리게 되었다. 가난하기에 밤새도록 돼지고기 또는 야생토란을 채취해 공양을 올렸는데, 독성 때문에 부처님께서 아프시게 되었다.

열반상 대좌의 세 사람

열반상 대좌에는 세 명의 사람이 조각돼 있다. 마지막 공양을 올린 춘다, 부처님의 마지막 제자가 된 수밧다, 그리고 부처님의 발아래서 슬

퍼하고 있는 아난다 존자다.

6.1m의 열반상은 돌로 만든 7.3m 길이의 침상 위에 누워있다. 침상의 옆면에는 3명의 인물이 조각되어 있는 것이 눈에 들어온다. 열반상의 무릎 부분에 조각되어 있는 인물은 누가 봐도 아난다 존자임을 알 수 있다. 중앙에는 부처님이 쿠시나가르에서 열반에 들기 직전에 마지막으로 제자로 받아들였던 수밧다가 조각되어 있다. 그리고 부처님께 마지막 공양을 올린 춘다가 조각되어 있다.

아니루트와 마을

다비(茶毘)한 부처님의 사리를 분배한 곳이다. 부처님의 사리를 서로 차지하려는 사람들 때문에 큰 싸움이 벌어질 지경에 이르렀으나 마가다국 도나의 중재로 이곳에서 슬기롭게 여덟 등분으로 분배하여 나누어 가져갔다고 한다. 이 안내판에는 그때 사리를 나누어 가진 여덟 부족이 쓰여져 있다. 마가다국 아자타샤트루왕, 바이샬리의 릿챠비족, 카필바스투의 샤카족, 알라캅파의 부리족, 라마그라마의 콜리야족, 베타두비파의 브라흐만, 파바의 말라족, 쿠시나가르의 말라족이다.

열반의 땅에서 배우는 교리

열반(涅槃)

불교에서 수행에 의해 진리를 체득하여 미혹과 집착을 끊고 일체의 속박에서 벗어난 최고의 경지를 말한다. 열반이란, 산스크리트의 니르바나의 음역인데, 니원(泥洹)·열반나(涅槃那) 등으로 음역하기도 한다. 멸도(滅度)·적멸(寂滅)·원적(圓寂), 또는 무위(無爲)·부작(不作)·무생(無生) 등으로도 의역한다. 열반의 본뜻은 '불어서 끄는 것' '불어서 꺼진 상태'를 뜻하며, 마치 타고 있는 불을 바람이 불어와 꺼버리듯이, 타오르는 번뇌의 불꽃을 지혜로 꺼서 일체의 번뇌·고뇌가 소멸된 상태를 가리킨다. 그때 비로소 적정한 최상의 안락이 실현된다. 현대적인 의미로는 영원한 평안, 완전한 평화라고 할 수 있다.

남방의 불교에서는 번뇌가 없는 것으로, 이 경우에도 번뇌의 숲이 없어진 상태를 열반이라고 한다. 부파불교에 이르러서는 석가모니 부처님의 이상화·신격화에 따라 열반에 대한 생각도 변하여, 수행자가 아무리 노력을 하여도 이 세상에 생존하는 동안에는 완전한 열반을 체득하기란 어려운 것으로 생각하였다. 그래서 이 세상에 생존하는 동안에 얻어진 열반은 불완전한 것(有餘涅槃)이며, 사후에 비로소 완전한 상태에 들어간다(無餘涅槃)고 생각하였다. 그러므로 수행자는 석가모니와는 달리 열반의 경지가 아니라 아라한의 경지에 도달하는 것이라고 보았다. 대승불교에서는 유여·무여열반 외에 본래자성청정열반(本來自性淸淨涅槃)·무주처열반(無住處涅槃)을 주장하였다. 본래자성청정열반은 일체중생의 심성이 본래 청정하다는 것으로, 있는 그대로의 진리 그 자체임을 달관하여 안심의 경지에 이르는 것을 말한다. 무주처열반은 대승불교에서 이상으로 여기는 열반으로서 생사에도 머물지 않고 열반에도 머물지 않는 것으로 불·보살의 상태를 말한다.

사라쌍수(娑羅雙樹)

쿠시나가라에 있던 두 그루의 사라수(娑羅樹)로 이 나무 사이에서 부처님께서 입멸하였다. 또 쌍수(雙樹)는 부처님의 사방에 각각 두 그루의 사라수가 있었다고 하여, 여덟 그루의 사라수를 뜻하기도 한다. 석가모니가 열반에 들 때 사방에 한 쌍씩 서 있었던 나무라 해서 사라쌍수(沙羅雙樹)로도 부른다. 동쪽의 한 쌍은 상주(常住)와 무상(無常)을, 서쪽의 한 쌍은 진아(眞我)와 무아(無我)를, 남쪽의 한 쌍은 안락(安樂)과 무락(無樂)을, 북쪽의 한 쌍은 청정(淸淨)과 부정(不淨)을 상징한다고 여겨진다. 사라수(沙羅樹)라고도 하며 단단한 나무라는 뜻이다. 부처님이 쿠시나가라의 사라나무 숲속에서 열반하였는데 동서남북에 이 나무가 2그루씩 8그루가 서 있었으므로 사라쌍수라고 하며, 부처님이 열반에 들자 그중 4그루가 말라 죽고 나머지 4그루는 무성하게 자랐다는 전설이 있다. 인도에서는 이 나무를 신성한 나무로 여기고 있으며 인도에서는 비교적 흔한 수종이다.

학수쌍존(鶴樹常存)

석가모니불 염송 가운데 '영산불멸 학수쌍존, 시아본사 석가모니불(靈
山不滅 鶴樹常存, 是我本師 釋迦牟尼佛)'이라고 한다. 이때 '학수쌍존'이라고
한 이유는 석가모니 부처님께서 열반하신 곳이 쿠시나가르의 사라나
무 아래인데 부처님께서 누우신 양편에 있는 나무라는 뜻에서 사라쌍
수라고 하며, 두 줄로 선 양쪽 나무 중 한쪽 그루가 부처님 열반이 슬퍼
희게 된 모습이 학의 깃과 같이 됐다고 하여 학수라고 한데서 기인했다
고 한다.

다비(茶毘)

불교에서 화장을 가리키는 말로 육신을 원래 이루어진 곳으로 돌려보
낸다는 의미가 있다. 다비는 죽음이 영원히 없어지고 마는 것이 아니라
살아서 지은 업력에 따라서 변화하는 것이라는 불교의 교설과, 선업을
닦아야 극락왕생할 수 있다는 불교의 생사관에 입각한 장례절차라는
데 큰 뜻이 있다. 우리나라에서는 불교가 전래 된 뒤부터 지금까지 이
의식이 꾸준히 전승되고 있다.

『불설정반왕반열반경』에는 부처님의 부친인 정반왕의 죽음에 따른 최
초의 불교식 다비 행법이 전한다. 『근본설일체유부비나야잡사』에는 일
반 출가자의 화장법에 대해 "부처님께서 제자들을 향해 '비구가 죽으면
응당 분소(焚燒)로 공양해야 한다.'고 가르치셨다. 비구의 장례를 치를
때에는 『무상경』을 세 번 외우고 아울러 게송을 읊어 주원(呪願)해 주도
록 하라."고 하였다. 또한 『법원주림』에서는 "『오분율』에 이르되, 화장
할 때에는 돌 위에 시신을 눕히는데, 수풀 위에서 혹 벌레를 손상치 않
을까 염려해서이다."라고 하였다. 이처럼 다비에 관한 세세한 행법이

존재했음을 볼 수 있다.

만다라화(曼茶羅華)

불전에 보이는 천계의 꽃의 하나로 석가모니나 여래들의 깨달음이나 설법시에 이를 기뻐하는 신들의 뜻에 따라서 스스로 공중에 피어서 내려온다고 한다. 또한 수미산의 정상에는 높이 100유순의 거대한 만다라 나무가 있으며, 그 밑에는 삼십삼천이 있다고 한다. 도리천, 극락세계, 다양한 불국토를 장엄하는 화수(花樹)로서도 등장하는데 산스크리트어의 만다라바의 음사로, 모델은 콩과의 식물이라고 한다. 수고는 20m에 이르며, 인도에서는 3~4월에는 진한 홍색에서 자홍색의 꽃을 길이 30cm 내외다.

의발(衣鉢)제자

가사와 바리때. 곧 전법의 표가 되는 물건을 받은 제자이다. 불교에서 의발은 승려가 소유할 수 있는 대표적인 물건이었는데, 선종에 이르러 제자가 스승으로부터 인가(印可)를 받을 때 물려받는 물품을 상징하게 되었다.

인도의 불전(佛典) 기록에서는 의발이 인가의 물품으로 사용된 예를 찾아볼 수 없으므로, 이러한 용례는 중국에서 비롯된 것으로 추정된다. 원래 의발은 '삼의일발(三衣一鉢)'의 약칭으로, 석가모니 재세 당시에 승려가 소유할 수 있는 물건을 의미하였다. 삼의일발은 상의(上衣)·중의(中衣)·하의(下衣)와 음식을 담는 그릇인 발우를 가리킨다. 석가모니는 세 벌의 옷과 밥그릇 하나를 가지고 탁발하며 수행할 것을 요구하였는데, 오늘날에도 동남아시아의 승려들은 탁발하며 수행하는 것을 당연한 것으로 여기고 있다.

그런데 의발이 소유물의 개념을 넘어 법을 전하는 도구로 사용된 것은 중국 선종의 발생과 관련이 깊다. 선종에서는 석가모니가 마하가섭에게 법을 전하면서 그 징표로 옷을 물려주었다고 한다. 석가모니의 의발을 물려받은 마하가섭의 법은 제자들에게 전수되어 28대에 걸쳐 이어졌다. 흔히 이들을 28조사라고 하는데, 그 28번째 의발을 전해 받은 사람이 바로 달마(達磨)대사이다. 6세기에 중국으로 건너온 달마는 선법(禪法)을 전하여 중국 선종의 초조가 되었다.

탄트라 불교

8세기 이후에 힌두교의 비밀 성전인 『탄트라』에 기초한 인도의 밀교(密敎)이다. 민속 신앙에 기인하여 발달하였으며, 성(性)을 인정하는 것이 특징이다. 탄트라는 힌두교와 불교 모두에서 인도 아시아 대륙에서 발전한 난해한 요가 전통을 의미한다. 인도 전통에서 탄트라라는 용어는 체계적으로 광범위하게 적용할 수 있는 문헌, 이론, 체계, 방법, 도구, 기술 또는 관행을 의미하기도 한다.

불교에서 밀교 전통은 인도 탄트라 불경에 기반을 둔 탄트라 사상과 관행으로 알려져 있다. 그들은 인도-티베트 불교, 중국 밀교, 일본 진언종 및 네팔 네와르 불교를 포함한다. 남방 밀교는 탄트라를 직접적으로 언급하지는 않지만 그 수행과 사상은 탄트라와 유사하다.

근원적 진리를 탐구하기 위한 비전적 사상 또는 그와 관련된 수행체계를 뜻하게 되는데, 흔히 밀교로 번역되고 있다. 탄트라의 가르침은 주로 주술, 요가, 의술, 강장술, 연금술, 점성술, 의례 등 세속적이고 육체적인 가치에 중점을 두고 있으며, 그 실천 형태로서 샥티로 대변되는 성에너

지의 개발과 숭배를 강조하고 있다. 크게 힌두교식 탄트라와 불교식 탄
트라로 나뉠 수 있는데, 양자는 대체적으로 동일한 가르침을 바탕으로
하고 있기 때문에 형식적으로는 차이가 난다고 할지라도 실질적으로는
상당히 비슷한 면이 많다.